DRIVE YOUR ADVENTURE

Titel der Originalausgabe: »Drive your adventure«

Erschienen bei Éditions de La Martinière SA, Paris 2017

Redaktion: Art de Vie

Redaktionsleitung: We-Van, www.we-van.com

Grafisches Konzept und Ausführung: La 5e Étape

Künstlerische Leitung: Adrien Vilarem

Deutsche Erstausgabe

Ein Unternehmen der La Martinière Groupe

Umschlaggestaltung: Leonore Höfer, Knesebeck Verlag

Lektorat: Beate Bücheleres-Rieppel

Produktion und Herstellung: Weiß-Freiburg GmbH – Graphik & Buchgestaltung

Druck: Gorenjski tisk storitve d.o.o

Printed in Slovenia

ISBN 978-3-95728-175-3

www.knesebeck-verlag.de

DRIVE YOUR ADVENTURE

Ein Roadtrip im Van quer durch Europa

Elsa Frindik-Pierret und Bertrand Lanneau

Aus dem Französischen von
Karin Weidlich

KNESEBECK

TEXELS

VORWORT

Ganz Europa mit dem Camper bereisen – und das sechs Monate, durch 24 Länder und über 35 000 Kilometer –, diese außergewöhnliche Expeditionstour, die von We-Van nach dem Motto *Drive your Adventure* konzipiert wurde, setzte die schwierige Aufgabe voraus, Protagonisten zu finden, die das entsprechende Lebensgefühl verkörperten. Die Wahl fiel – unglaublich, aber wahr – auf uns!

Als diplomierte Kulturwirtin, habe ich, Elsa, die ich von der Ile d'Oleron (an der französischen Atlantikküste) stamme, mein Studium in Aix-en-Provence abgeschlossen. Dort begegnete ich auch Bertrand, der seinerzeit den Studiengang Marketing und Sporteventmanagement belegte und sich ständig hinter seinem Kameraobjektiv versteckte. Von der gleichen Lebensvision erfüllt, ergänzen wir uns gut: Ich für meinen Teil bin sehr quirlig und organisiere für mein Leben gern, er wiederum ist ein Kreativer mit Leib und Seele und hat sich auf Landschaftsfotografie spezialisiert. Vor drei Jahren haben wir unsere Leidenschaft für Roadtrips mit Wohnmobil entdeckt, und zwar mit allem, was ein Camperherz begehrt! Dabei ging unsere Definition von Freiheit mit großer Experimentierfreude einher. Wir waren in jeder Hinsicht frei, ob in der Auswahl von spontan festgelegten Etappenzielen, dem Fahren von Umwegen oder in der Entscheidung über die Aufenthaltsdauer an einem Ort bzw. die Wahl unseres Nachtlagers.

Wir ahnten schon, dass der zunächst ersonnene Tourenverlauf von *Drive your Adventure* nicht ganz unseren individuellen Vorstellungen entsprechen würde. Im Sog des Roadtrips, unserer Begegnungen und Vorlieben wichen wir auch tatsächlich von der vorgegebenen Route ab, und das war gut so! Wir haben uns einfach Zeit genommen zu leben und jeden Augenblick zu genießen! Heitere Gelassenheit, Naturidylle, Offenheit gegenüber anderen und Unbekanntem – das ist eine Lebensart, die unseren Alltagstrott infrage stellt und unsere Gewohnheiten durcheinanderwirbelt. Und genau diese Flucht aus der Komfortzone möchten wir Euch ans Herz legen!

Elsa Frindik-Pierret und Bertrand Lanneau, DYA-Duo

INHALT

KATEGORIEN

VANLIFE

FRIENDS

FOOD

OUTDOOR

FINNLAND (124)
NORWEGEN (100)
SCHWEDEN (92)
ESTLAND (138)
SCHOTTLAND (32)
LETTLAND (146)
DÄNEMARK (78)
LITAUEN (158)
IRLAND (14)
ENGLAND (48)
POLEN (168)
NIEDERLANDE (64)
DEUTSCHLAND (74)
BELGIEN (58)
SLOWAKEI (180)
FRANKREICH (10)
RUMÄNIEN (196)
UNGARN (192)
ITALIEN (238)
NORDSPANIEN/FRANKREICH (BASKENLAND) (300)
BULGARIEN (208)
PORTUGAL (280)
SÜDSPANIEN (270)
SARDINIEN (256)
GRIECHENLAND (220)

Keltische Regionen

Frankreich, 500 km, 5 Tage
Irland, 2000 km, 7 Tage
Schottland, 2000 km, 13 Tage
England, 1800 km, 7 Tage

Nordatlantik
SCHOTTLAND
Steve Feltham (40)
Insel Mull, Familie Corbett (34)
Haggis (44)
Highland-Games (45)
Tweedy Eddie D. (27)
Giant's Causeway (28)
Scones à la Mairead (24)
Hafen von
Errislannan (22)
Wanderung am Diamond Hill (23)
Dublin
IRLAND
Erwann, der bretonische Surfer (18)
ENGLAND
Keltisches Meer
Exmoor (50)
Cheese Rolling am Cooper's Hill,
Gloucester (52)
London
Goodwood (53)
Ärmelkanal
Wellenreiten in der Bretagne (13)
FRANKREICH
Abreise (10)

FRANKREICH

Im Mai war es soweit – Topstart in dieses unglaubliche Abenteuer! Unser Ausgangspunkt ist Nantes, wo wir in sechs Monaten auch wieder am Ziel ankommen werden. Bis November gibt es jede Menge Dinge zu erleben!

Wir machen uns mit unserem Roadtrip-Gefährt vertraut, das uns sechs Monate lang ein treuer Begleiter sein wird. Der Campingbus ist tipptopp in Schuss; wir wagen es kaum, einzusteigen, um ja nichts kaputtzumachen. Allerdings werden wir uns an die sechs Quadratmeter gewöhnen müssen, die von nun an unser Zuhause sind, und zwar eines mit mobiler, unsteter und internationaler Adresse! Wir beginnen damit, den Van mit unseren Sachen zu bepacken: Kleiderboxen für alle Jahreszeiten, Reiseapotheke, Küchenutensilien, technische Ausrüstung, Sportzubehör, Navi und Straßenkarten. Gut, dass es ausreichend Stauraum gibt!

Bertrand setzt sich ans Steuer, wir schnallen uns an. Ein letzter Blick zurück zum We-Van-Firmengelände, wo wir ihn erhalten haben, und los geht's!

Endlich auf Achse verfallen wir in eine Woge heller Begeisterung und lachen viel. Verrückt, wie sich die Straße innerhalb weniger Kilometer in ein Spielfeld verwandelt, das einem Füllhorn von Möglichkeiten gleicht. »Lass mal sehen, was da ist?« Unsere Neugier kennt keine Grenzen mehr.

Die erste Nacht ist etwas weniger heiter. Wir müssen einen netten Winkel finden, wo man unauffällig stehen bleiben kann. Wir sind noch nicht so ganz mit unserem mobilen Minihaus vertraut und eine Nacht zu zweit in einem 110 Zentimeter breiten Bett zu verbringen, daran muss man sich erst gewöhnen! Aber keine Sorge, das spielt sich bald ein. Der Start in dieses außergewöhnliche Projekt erfüllt uns mit Freude, wir sind auf alles gefasst und können es kaum erwarten, uns in dieses Abenteuer zu stürzen!

Einen Übernachtungsplatz finden

Einen Stellplatz für die Nacht zu finden, ist eines der Hauptanliegen im Nomadenleben von Campern. Hier bieten Wohnmobilstellplätze oder Campingplätze maximalen Komfort (Warmwasserduschen, WCs, Trinkwasser und andere Annehmlichkeiten). Jedoch ist es sehr viel aufregender, einen lauschigen Winkel in der Wildnis aufzuspüren, um die Nacht unter dem Sternenhimmel zu verbringen. Wir versuchen, Komfort und Abenteuer in ausgewogener Balance zu halten.

Schnell ergibt sich ein festes Ritual: Vor Einbruch der Nacht müssen wir uns auf die Suche nach einem Ort machen, der zu unserem »Nightspot« wird. Dazu machen wir auf Karten und per Navi kleine namenlose Landstraßen oder kaum befahrene Wege ausfindig oder überlassen es dem Zufall und unserem Bauchgefühl und biegen einfach an der nächsten Kreuzung links oder rechts ab. In beiden Fällen wissen wir nicht, wo es hingeht. Mitunter finden wir unseren Spot nicht gleich, kehren um oder fangen noch mal von vorne an. Manchmal klappt es aber auch auf Anhieb, und wir finden eine ideale, lauschige Nische.

Und so sieht der perfekte Übernachtungsplatz aus:

- ebenerdig, damit man beim Schlafen nicht seinen Partner bedrängt,
- unaufdringlich, damit man die Einheimischen nicht belästigt,
- gemütlich, um sich wohlzufühlen,
- mit schöner Aussicht, damit bei Sonnenuntergang und beim Frühstücken etwas fürs Auge geboten ist.

Jedes Land hat seine eigenen Vorschriften rund um das Wildcampen und/oder zum Übernachten im eigenen Fahrzeug. Hierbei sollte man sich genauestens nach der landeseigenen Gesetzgebung erkundigen, um Rügen oder gar Bußgelder zu vermeiden. Natürlich beachten wir gewisse Regeln, die mit dem Leben im Wohnmobil eng verbunden sind: Privatgrund vermeiden (außer bei Genehmigung durch den Eigentümer), nicht den Eindruck erwecken, dass man sich für länger einnistet, indem man seine Sachen vor den Bus stellt, spät eintreffen und früh wegfahren, und vor allem die Umwelt schonen und keinen Müll (Abfälle und Klopapier) hinterlassen. Etwas gesunder Menschenverstand und Respekt – umso schöner ist das Abenteuer!

In der Bretagne wellenreiten

In der Bretagne gibt es Surfspots zuhauf. Die wohl berühmtesten sind die Côte Sauvage der Halbinsel Quiberon, die Brandungswelle vor Guidel bei Lorient und die Landspitze Pointe de la Torche. Unser Spähposten ist jedoch auf der Halbinsel Crozon. Neben dem sehr beliebten Surfspot La Palue ziehen auch die Küsten von Dinan jede Menge Wellenreiter an. Der etwas abgelegenere Strand von Pen Hat bietet eine schöne Gischt an den Steilküsten fernab der Menschenmassen. Auf dem Parkplatz sind Stellplätze vorhanden – für den Fall, dass nach dem Wellenritt die Müdigkeit siegt!

Zur Vorbereitung eines Surf-Specials: www.surfreport.com
Surfschule Camaret, Crozon: www.mobydick.fr

IRLAND

»Céad míle fáilte« bedeutet auf Gälisch »100000 Mal willkommen«. Nach dem einwöchigen Aufenthalt in der Bretagne passieren wir unsere erste Landesgrenze an Bord der Fähre Richtung Irland. Und beim Zücken unserer Pässe wird uns bewusst, dass nun die Reise wirklich beginnt. Sechs Monate Abenteuer liegen vor uns!

Unseren Campingbus haben wir auf »Patrick« getauft. Wir hatten nach einem Vornamen gesucht, der für alle unsere europäischen Freunde einfach auszusprechen ist. Warum aber »Patrick«? Es handelt sich um einen VW Bus, Modell California Coast, und wir haben Surfboards darauf festgezurrt ... Surfen + Kalifornien = *Gefährliche Brandung* (OT: Point Break, 1991), der Surf-Film schlechthin, in dem (der inzwischen verstorbene) Patrick Swayze den Surf-Star Bodhi spielt. Patrick, natürlich! Mitunter nennen wir ihn auch liebevoll »Patou«, »Patoch«, »Patpat« oder sogar »Ricky«!

Wir sind also mit »Patrick« in Irland angelandet, um seinem Namenspatron die Ehre zu erweisen! Nur Zufall? Ich glaube nicht. Wir Franzosen kennen ihn vor allem aufgrund des Feiertags am 17. März, an dem wir – als grüne Kobolde verkleidet – Guinness trinken, während er jenseits des Ärmelkanals vor allem dafür bekannt ist, dass er Irland im 5. Jahrhundert zum Christentum bekehrt hat. Kommen wir aber wieder zur Sache und auf unsere ersten Kilometer auf der Kleeblattinsel zu sprechen, die man höchst konzentriert zurücklegen muss, denn hier muss »Patrick« links fahren! Wir kommen schnell damit klar und finden Gefallen an den kurvenreichen, bisweilen schmalen Straßen Irlands. Vor allem die grandiosen Landschaften wecken unsere unbändige Entdeckerfreude. Bertrands Kamera klickt unentwegt!

Wir entdecken die Wonnen dieses schönen Landes: Sprühregen, unterbrochen von zaghaften Sonnenstrahlen, grüne Täler mit glücklichen Schafen, in der Landschaft verstreute Burgruinen, die Stille der irischen Torfmoore, die zerklüfteten Atlantikküsten, die grauen Steinhäuser mit Schilfdächern. Und von Zeit zu Zeit gönnen wir uns eine Pause in einem gemütlichen Pub und trinken genüsslich ein lokales Craft-Bier.

wevan
Drive your Adventure
EB-540-RQ

Erwann, der bretonische Surfer

Als wir während der Überfahrt von der Bretagne nach Irland die Straßenkarte studieren, machen wir eine Bekanntschaft.

Erwann hat verschiedene Identitäten: zuallererst ist er Bretone – vor allem einer aus Belle-Île-en-Mer –, außerdem saisonaler Gastrojobber, Gutachter internationaler Soundsysteme, Klempner, künftiger Offshore-Schweißer und seit neuestem Surf-Junkie. Vier Tage seines Urlaubs hat er in der Bretagne verbracht, weitere sechs Tage will er nun in Irland damit verbringen, die gefragtesten Surfspots aufzusuchen. Er reist in einem kleinen, notdürftig ausgestatteten weißen Peugeot 205: für seine zwei Surfboards hat er Rückbank und Beifahrersitz umgeklappt, damit er sie längs transportieren kann. Und zum Schlafen legt er auch die Rückenlehne des Fahrersitzes um, polstert seine Liegefläche mit einer Schaumstoffmatratze und das Lenkrad mit einem Kopfkissen. Es ist rudimentär, aber sehr gut durchdacht. Man muss gut organisiert

sein, wie er selbst sagt, denn schon »die kleinste Unordnung artet ins totale Chaos aus«.

Wir trennen uns an der Ausfahrtrampe der Fähre, begegnen ihm aber schon zwei Tage später am Inch Beach wieder. Er hatte sich verfahren und war infolge einer Autopanne auf dem Strand steckengeblieben. Zum Glück wusste er sich aus der Patsche zu helfen – er war stets frohen Mutes, und es gab hilfsbereite Iren. Leider ließ die Brandung auf sich warten, und so hockten wir bei irischer Folk- und Fiddlemusik in einem Pub auf ein paar Runden Pints zusammen. Beim Abschied wünschten wir ihm für die restliche Zeit noch ein paar aufregende Surftage. Später haben wir mit Blick aufs Meer und auf der Suche nach Wellen noch oft an Erwann gedacht.

Ödnis versus Lebenslust in den Pubs

Abseits der Hauptstraßen entdecken wir immer wieder unbefahrene Schleichwege. In endlosen, leeren Weiten stehen souverän wirkende Häuser – weit und breit kein Baum, kein Wäldchen, kein parkendes Auto davor, kein Kinderspielzeug, keine Schaukel, keine Leiter oder Gartenlaube. Diese Häuser scheinen unbewohnt zu sein. Es ist ein angenehmes Gefühl der Einsamkeit, allein auf diesen leeren Straßen, die zu beiden Seiten gesäumt sind von verlassenen Häusern. Wir holen Luft fernab vom Menschengewimmel, diesem »Zuviel« an Leuten, dass an allzu touristischen Orten spürbar ist. Sobald man aber ein Pub betritt, taucht man wieder in das pralle Leben ein. Hier also verstecken sich die Iren! Alle sind sie da: alte Seebären, Touristen, Feldarbeiter, junge Liebespaare, Familien mit Knirpsen, die überall herumtoben. Zu unserer größten Freude ist es ein fröhliches Durcheinander von Menschen jeden Alters. Einsamkeit, ja, aber nicht für zu lange!

Nightspot

53°29'04.1"N | 10°05'20.2"W

Hafen von Errislannan

Die Neugierde ist kein so schlimmes Laster. Der Beweis: Wir sind einer »namenlosen Straße« zwischen Ballinaboy und Clifden unweit des berühmten Nationalparks Connemara gefolgt und haben dort den perfekten Spot aufgestöbert: leer stehende Ferienhäuser am Meer und nur einige Kühe, die uns Gesellschaft leisteten, ein kleiner, direkt nach Westen ausgerichteter Hafen, perfekt für den Sonnenuntergang, und das Plätschern der Wellen am Damm. Glück pur!

Wanderung am Diamond Hill

Informationen

Ort: Diamond Hill, Nationalpark Connemara

Höhe: 445 Meter

Entfernung: 6,7 km

Dauer: 3 Stunden

Im Herzen des Nationalparks Connemara haben wir auf dem Weg zum Gipfel des Diamond Hill Moorlandschaften und windumtoste Berghänge durchwandert. Auf einem großen Parkplatz am Besucherzentrum des Nationalparks konnten wir unseren Campingbus abstellen. Wir zogen gutes Schuhwerk an und packten unsere Windjacken ein. Zuerst geht es auf den blauen Lower Diamond Hill Walk, dann weiter auf dem roten Upper Diamond Hill Walk bis zum Gipfel hinauf. Dort oben bläst eine starke Brise, das Panorama jedoch ist grandios: auf der einen Seite das Meer, auf der anderen die Berge mit verbrannter Torferde, die von Schafen abgeweideten Wiesen, die Nadelwälder, die Seen und die kargen Felsen ... So sieht sie also aus, die Waaahnsinnskulisse von Conneeeemaaarraaaa!

Scones à la Mairead

Mairead lebt mit ihren drei Kindern und ihrem Jack-Russel-Mischling »Nibbles« in Bunbeg. Zu ihrem Leidwesen müssen unsere Schuhe erfahren, dass er seinem Namen alle Ehre macht, er »knabbert«. Mairead ist eine ehemalige Montessori-Lehrerin. Es sei überaus wichtig, so erklärt sie uns, die Kinder »leben zu lassen« und sie nicht zu stark zu behüten, sie so oft wie möglich zum Spielen an die frische Luft zu schicken und zu verhindern, dass sie zu viel am Bildschirm kleben. Heute Abend sind Maireads Kinder nicht da, aber sie hat Gäste: Elaine und ihre 13-jährige Tochter Sarah. Ein süßer Snack im Mädelskreis also!

Zutaten

225 g Mehl

25 g Zucker

25 g Butter

1 Prise Salz

150 ml Milch

1 Ei

Und so macht man Scones: Das Mehl in eine Salatschüssel geben, dann den Zucker und die Butter hinzufügen. Vorsichtig mit den Fingern (und nicht zwischen den Handflächen) durchkneten, um eine homogene, sehr feinkörnige Teigmasse für das Sandgebäck herzustellen. Die Milch nach und nach mit einem Löffel einarbeiten.

Sobald sich ein schöner Teig bildet, eine Kugel daraus formen und auf eine ebene Fläche legen. Den Teig mit einem Nudelholz oder zylinderförmigen Gegenstand (Feldflasche, Glasflasche etc.) einen Zentimeter dünn ausrollen. Mit einem Glas ausstechen.

Das rohe Ei in ein Trinkglas aufschlagen und mit einer Gabel verquirlen. Mit dem Gabelrücken die Teiglinge mit der Eimasse bestreichen, damit sie schön goldbraun werden; dann 15 bis 20 Minuten backen. Bei einem Minigrill einfach die Funktion »dampfgaren« wählen oder eine Antihaftpfanne mit einem Deckel verschließen. Die Pfanne sollte tief genug sein, damit die Scones darin aufgehen können (bewährte Methode!).

Die leicht ausgekühlten Scones waagrecht halbieren und mit Clotted Cream und Konfitüre bestreichen. Man kann den Teig auch durch Beigabe von Trockenfrüchten und Schokosplittern aufpeppen. So werden die Scones wunderbar reichhaltig.

Haushalt mit Naturprodukten

Umweltbewusst, wie wir sind, und besorgt um das Heil unseres Planeten, versuchen wir seit etwa einem Jahr, unsere Abfälle zu reduzieren und achten auf Wiederverwertung und Recycling. Hier also die Produkte und Rezepturen, die wir verwenden:

Die unerlässlichen Hausmittel:

- Heller Essig
- Natriumhydrogencarbonat (kurz: Natron)
- Kristallsoda
- Fleckenentferner »Terre de Sommières« (Pfeifenerde)
- Schwarze Flüssigseife
- Ätherisches Zitronenöl
- Ätherisches Lavendelöl
- Marseiller Seifenspäne (auf 100% Olivenbasis, ohne Palmöl)

1. Waschmittel (für einen 3-Liter-Kanister)

1,5 Liter Wasser + 200 g Marseiller Seife + 200 ml schwarze Flüssigseite + 10 EL Kristallsoda + 20 Tropfen ätherisches Lavendelöl: Das Ganze unter Rühren mit einem Holzlöffel aufkochen und gut aufpassen, dass die Masse nicht überschäumt. Wenn die Mischung homogen ist, auskühlen lassen und in einen alten Waschmittel-Kanister oder einen anderen beliebigen Behälter einfüllen. Sollte die angemischte Masse beim Auskühlen zu stark erhärten, zum Verdünnen kochendes Wasser hinzufügen, um die gewünschte Textur zu erhalten.

2. Geschirrspülmittel (für eine 1-Liter-Flasche)

500 ml Wasser + 200 ml schwarze Flüssigseife + 200 ml heller Essig + 4 EL Natron + 10 Tropfen ätherisches Zitronenöl: Das Ganze unter Rühren mit einem Holzlöffel aufkochen. VORSICHT: Der helle Essig und das Natron bilden zusammen einen üppigen, schwer zu bändigenden Schaum. Deshalb die Beigabe von Natron esslöffelweise vornehmen und jedes Mal warten, bis die Schaumbildung aufgehört hat. Ist die Mischung homogen, auskühlen lassen und in eine leere Spülmittelflasche oder eine beliebige Flasche, die sich gut zum Geschirrspülen eignet, umfüllen.

3. Notfall-Fleckenentferner (Pfeifenerde)

Pfeifenerde ist unschlagbar bei der Entfernung von Fett-, Wein- oder Blutflecken. Den Fleck unter keinen Umständen abreiben! Sofort das Fleckenpulver dick auftragen. Es absorbiert sichtbar den Fleck. Wenn sich das Pulver zu stark braun verfärbt, einfach noch mehr Pulver daraufstreuen. Mindestens vier Stunden einwirken lassen. Dann das Pulver mit einer Bürste oder einem fusselfreien Tuch entfernen. Wenn noch eine schwache Verfärbung sichtbar ist, mit Waschmittel und warmem Wasser reinigen.

4. Küchenpapier

Wir haben uns für immer vom Küchenpapier verabschiedet! Ein Kontingent an Putzlappen oder saugfähigen Mikrofasertüchern sind eine hervorragende Alternative. Wir haben ein Dutzend davon.

Tweedy Eddie D.

Ardara ist die irische Hauptstadt des Tweeds. Der aus Wolle gefertigte Tweed wird nicht von Hand gestrickt, sondern an einem »loom« (Webstuhl) gewebt. Eddie Doherty empfängt uns in seinem Werkstattladen, um uns in das uralte Metier einzuweihen. Seit 1956 Weber von Beruf, kommt er heute im Alter von siebzig Jahren der Nachfrage aus aller Welt kaum hinterher. Er ist nämlich der letzte traditionelle Weber Irlands und damit weltweit einer der letzten seiner Zunft. Seine Kollegen haben auf mechanische Fertigung umgestellt. Ihr Ertrag ist vergleichsweise höher, aber niemand lässt sich darüber hinwegtäuschen: Die Machart ist nicht dieselbe, die Kett- und Schussfäden sind nicht so fest verwebt. Eddie geht in Stellung und setzt seinen riesigen Hochwebstuhl in Gang: eine zwei Meter hohe und fast ebenso tiefe Vorrichtung aus massivem Holz, an der sich bis zu 12000 Fäden gleichzeitig verweben lassen. Die Kettbäume setzen sich in Bewegung und das Webschiffchen mit dem Garn wird von links nach rechts befördert, um die Schussfäden über und unter Tausenden von senkrechten Kettfäden hin und her zu führen, und so entsteht der Tweed. In Eddies Laden stapeln sich sehr unterschiedliche Artikel: Baskenmützen, Schirmmützen, Jacken, Hausschuhe, Decken, Kissen und Schals ... die Ware hat ihren Preis, aber wenn man ihm bei der Arbeit zuschaut, begreift man den harten Alltag und den Zeitaufwand. Seine Schurwolle stammt fast ausschließlich von den Schafen der Region, denn er möchte für sein County Donegal werben. Eddie webt nun schon seit über fünfzig Jahren und bedauert das allmähliche Verschwinden der Handwerksgenossen. Keines seiner acht Kinder möchte in seine Fußstapfen treten und die Tradition fortführen. Damit weiß jeder, was Sache ist!

Immer werktags geöffnet
Eddie Doherty Main Street, Ardara, co. Donegal, Irland
Tel. +353 (0)74 9541304
edandev@eircom.net
www.handwoventweed.com

Giant's Causeway – Der Damm des Riesen

Informationen

Ort: The Giant's Causeway, Bushmills

Entfernung: 1 km

Dauer: 15 Minuten

Der Giant's Causeway hat uns schwer beeindruckt. Die Felsformationen sollen nach einem mächtigen Vulkanausbruch vor 60 Millionen Jahren entstanden sein. Die Erosion hat über 40 000 hexagonale Basaltsäulen geschaffen, von denen einige bis zu 12 Meter hoch sind. Daneben gibt es die keltische Version der Entstehungsgeschichte: Zwei Riesen aus Irland und Schottland gerieten eines Tages in Streit, woraufhin der Ire diesen kolossalen, abgestuften Damm anlegte, um seinen schottischen Widersacher herauszufordern und dort einen Wettkampf auszutragen. Der Schotte kapitulierte kurz vor der Begegnung, machte kehrt und zerstörte auf der Flucht die Landverbindung hinter sich.
Während der Öffnungszeiten des Besucherzentrums ist der Parkplatz gebührenpflichtig und teuer (8,50 £ pro Person)! Wir sind also kurz vor Schluss eingetroffen, um unseren »Patrick« gratis zu parken und an dem normalerweise überlaufenen touristischen Hotspot den Sonnenuntergang zu genießen. Die in rötliches Licht getauchten, vom Meeresschaum umspülten Säulen haben uns nicht enttäuscht. Ein märchenhafter Ort!

G816

COAST
CALIFORNIA

SCHOTTLAND

Mit der Abendfähre fahren wir über das Meer, das Irland vom nördlichen Schottland trennt. Man muss sich dabei an die Langsamkeit gewöhnen, denn durch die zerklüfteten schottischen Küsten und ihre zahlreichen Inseln zieht sich die Überfahrt in die Länge!

Täler, Torfmoore, Lochs und Fjorde – Schottland überrascht und verzaubert. Abseits der Hauptverkehrsachsen werden die kleinen Landstraßen schmaler und kurvenreicher. Die Straßen sind in beide Richtungen befahrbar, jedoch meist so eng wie Einbahnstraßen; daher gibt es alle 300 Meter eine Ausweichbucht. Bei Gegenverkehr grüßt man sich höflich mit Handzeichen und lässt den anderen vorbei. Wachsamkeit und Vorsicht sind angebracht! Umso mehr noch, da oft hinter einer Kurve plötzlich Schafe auftauchen können, die es nicht eilig haben, den Weg frei zu machen.

Schottland erinnert an Irland und umgekehrt. Wir erkennen viele Gemeinsamkeiten, sei es die Landschaft oder das Lächeln der Einwohner. Was für eine großzügige, freundliche und wohlwollende Art sie doch haben! Uns wird klar, dass unser Roadtrip nicht nur im Bewundern von Horizonten besteht, sondern auch und vor allem in der Begegnung mit den Einheimischen, mit denen wir gemeinsame Momente erleben.

Wir finden allmählich unseren Rhythmus zwischen täglichem Fahren und Leben im Wohnmobil. Jeder Tag ist anders und hält Überraschungen bereit. »Patrick« hat sich gut in unser Duo integriert – ein Trio also, mit zwei Köpfen auf vier Rädern, das sich auf die Anhäufung vieler Kilometer eingestellt hat, und damit geht es jetzt erst richtig los!

Insel Mull, Familie Corbett

Zu den 2800 Einwohnern der Insel Mull gehören auch die Corbetts. Jim und Patience sind Eigentümer riesiger Ländereien, auf denen seit hundert Jahren Schafe und Kühe weiden. Ihr Sohn Tom und seine Frau Flora haben uns für einige Tage eingeladen, um ihren Alltag mitzuerleben.

Knapp vor Lochbuie fällt die schmale Straße steil ab. Am äußersten Ende entdecken wir eine herrliche Bucht, eingerahmt von Torfbergen. Auf dem Strand erfreuen sich Hochlandrinder an den wärmenden Sonnenstrahlen. Jede Menge spitze Hörner drehen sich uns Vorbeifahrenden zu. Unter der zotteligen, rostroten Mähne, die ihre Nüstern kitzelt, kann man ihre Augen nur erahnen. Wir fahren im Zickzackkurs um Schafgrüppchen herum bis nach Laggan, wo Tom, Flora und ihre Kinder Grace und Harry ihr Zuhause haben.

Die Sonne schafft ein perfektes schottisches Postkartenmotiv. Im Westen der Bucht: ein monumentales Grabmal der Familie MacLaine aus dem 15. Jahrhundert, der vor Jims Familie über 300 Jahre hinweg diese Ländereien gehörten. Im Osten, hinter den Basaltfelsblöcken, wacht schon genauso lange das Moy Castle. In Vollmondnächten scheint es, als galoppiere ein kopfloser Reiter zwischen Grabmal und Wehrturm …

Vor fünf Jahren haben sich Tom und Flora in Lochbuie niedergelassen. Flora erledigt verschiedenste Jobs: Sie vermietet das Nebengebäude und zwei Cottages; sie arbeitet in der Verwaltung des Schlachthofs der Insel mit; sie chauffiert Kinder zur örtlichen Schule, und sie hat einen Honesty Shop (mit Geldeinwurfbox) im alten Postamt von Lochbuie eröffnet. Im Rahmen dieses Projekts wird örtlichen Kunsthandwerkern eine Verkaufsplattform geboten. Hier findet man wirklich alles! Wir sind übrigens Wanderern begegnet, die von dieser Alibaba-Schatzhöhle begeistert waren.

Tom führt den Bauernhof gemeinsam mit seinem Vater Jim. Zwei Tage lang begleiten wir sie und helfen

beim Kühetreiben. Wir fahren in Richtung Berge, um Rinder und Kälber zurück in die Ställe zu bringen. Ein Almabtrieb bei Regen und Schlamm, mit lautem Muhen und Stockgeklapper. Wir schreien auf Französisch, um die Herde anzutreiben, wobei unsere schottischen Gastgeber die ausgeprägte französische Stimmmelodie sehr witzig finden. Helen, die Tierärztin der Insel, wird nun in den Stallungen erwartet. Sie muss die Tuberkulosetests durchführen, bald kalbende Kühe untersuchen und Jungrinder enthornen. Die Arbeit ist kräftezehrend und am Abend haben wir uns den Gaumenschmaus mit Mull-Langusten, bei dem wir uns von dem emotionsreichen Tag erholen, redlich verdient!

Die Familie Corbett hat uns herzlich bei sich aufgenommen. Von einer so vertrauenswürdigen, netten und naturnahen Familie würde man sich gerne adoptieren lassen, um in diesem paradiesischen Winkel Schottlands zu bleiben und zu leben.

Praktische Hinweise zu Lochbuie: www.lochbuie.com
Infos zu Floras Cottages: www.isleofmullcottages.com
(Dobhran Cottage & The Bothy Cottage)
Infos zum Honesty Shop: www.oldpostofficelochbuie.co.uk

Willkommen auf Skye!

Schon beim Anlanden auf der Insel Skye waren wir von der Landschaft überwältigt! Wir versanken in langes Schweigen. Ein Gefühl der Fülle breitete sich im Bus aus! Nur die Musik unserer Playlist war zu hören. Nicht, dass wir uns nichts zu sagen gehabt hätten, aber in bestimmten Momenten ist es besser, mit den Augen zu genießen als nach passenden Worten zu suchen.

Steve Feltham, Monsterjäger in Vollzeit

1970 – Steve ist gerade mal sieben Jahre alt – fahren seine Eltern mit ihm in die Ferien. Es geht zum See Loch Ness. Dort entdeckt er den Nessie-Mythos und fängt Feuer. Zwanzig Jahre später beschließt er, seinen Träumen zu folgen. Er verlässt Frau und Arbeit, verkauft sein Haus, richtet einen alten Lkw wieder her und fährt nach Loch Ness, um Nessie zu finden. Ein bisschen verrückt, oder? Wir finden ihn vor allem mutig. Alles hinschmeißen, um seinem Instinkt zu folgen, alles auf eine Karte setzen und nichts bereuen …

Jetzt ist Steve schon seit 25 Jahren der einzige »Nessie-Hunter« in Vollzeit. In den ersten zehn Jahren ist er mit seinem Lastwagen rund um den See gebummelt und hat jeden kleinsten Winkel durchforstet. Dann konnte er sich mit dem Segen der Einheimischen in seinem mit Sonnenkollektoren ausgestatteten Laster am Dores-Strand fest etablieren. Von da aus hat er den besten Panoramablick in die Umgebung. »Perfekter geht's nicht«, so sagt er uns. Vor seiner Tür unterhält er einen kleinen Verkaufsstand mit Nessie-

Figuren, die er selbst gestaltet und bemalt. Und er kann davon leben.

Und weiter? Hat er das Ungeheuer gesehen? Steve nahm eines Tages vor langer Zeit etwas »wirklich Ungewöhnliches« wahr, so beschreibt er es uns. Er weiß, er muss es zum Beweis filmen. Wir wollen nicht lange über die (Nicht-)Existenz des Ungeheuers theoretisieren. Wie könnten wir nur seine Nachforschungen und sein Lebensziel in Frage stellen?

Vor dem Laster hängt ein Artikel aus, der seine Geschichte erzählt und mit den folgenden Worten endet: »Wenn du einen Traum hast, und selbst wenn man dir sagt, er sei verrückt, lohnt es den Versuch, ihn zu leben.« Genau diese schöne Lektion haben wir aus der Begegnung mit ihm gelernt.

The LAUNDRY
TT 105
CN·4
OB 461

CAFE FISH
OB 19
OB 560
OB 560

Haggis

»Haggis« ist ein Schafmagen, der mit allen möglichen Zutaten gefüllt ist, die auf den ersten Blick nicht gerade appetitlich aussehen: Leber, Herz und Lunge vom Schaf, mit Zwiebeln und Hafermehl vermengt. Man lässt das Ganze stundenlang im Pansen schmoren, und nach schottischer Meinung schmeckt es relativ gut! So enthält das Originalrezept auch viele Gewürze, gewiss um den Geschmack der Innereien etwas abzuschwächen. Inzwischen gibt es aber auch vegetarischen »Haggis« – eine Mischung aus Zwiebeln, Hafermehl, Gemüse und sämtlichen Gewürzen, die den typischen »Geschmack« des Originalgerichts erkennen lassen, jedoch ohne Fleisch.

Zutaten

1 Haggis (gekauft oder selbstgemacht; jedoch ist das ohne Ofen kompliziert und es dauert 4 Stunden).

1 große weiße Steckrübe

5 Süßkartoffeln

2 Stückchen Butter

Salz und Pfeffer

etwas Milch

Die Steckrübe in 1 bis 2 cm dicke Scheiben schneiden, dann schälen und in kleine Würfel schneiden. Die Würfel in einen Topf geben, mit Wasser auffüllen, bis das Gemüse bedeckt ist, den Deckel auf den Topf geben und auf hoher Hitze garen. Die Süßkartoffeln auf gleiche Art in einem anderen Topf garen.

Für den Haggis:
- Im Topf: die Hülle nicht durchstechen, einfach in einen Topf mit kochendem Wasser eintauchen und eine Stunde garen lassen.
- In der Pfanne: die Hülle durchstechen und den gesamten Inhalt in eine Pfanne geben. Regelmäßig umrühren, schütteln, wenden und das Ganze 40 Minuten auflockern, damit die Dämpfe entweichen können.

Wenn die Kartoffeln und Steckrüben zart gegart sind (mit der Messerspitze testen), kommt das Püree dran! Zunächst ein Stückchen Butter beigeben, dann die Steckrüben zerdrücken und nach Belieben mit Salz und Pfeffer abschmecken. Das Süßkartoffelpüree auf exakt die gleiche Art zubereiten und zusätzlich einen Schuss Milch unterheben, damit eine cremige Konsistenz erreicht wird.

Das Gericht mit »Haggis, Steckrüben und Süßkartoffeln« dreiteilig auf den Tellern anrichten. Die Schotten nennen es »Haggis, Neeps and Tatties«. Jetzt mit der Gabel zugreifen – lecker!

Highland Games

Informationen

Von Mai bis September

in vielen schottischen Städten:

www.shga.co.ik

Wenn wir uns an diesem Wochenende für Bathgate entscheiden, dann weil die Stadt eines der berühmten Highland Games ausrichtet. Seit über 300 Jahren veranstalten die Schotten dieses Sport- und Kulturfest, um ihre Traditionen und die gälische Lebensart zu promoten. Um herauszufinden, wo die Spiele stattfinden: immer den Kilts nach! Ob Festumzüge mit Pipe Bands (Dudelsackspieler), Trachten- und Tanzwettbewerbe oder Kraftproben wie Baumstammwerfen: Bei den Highland Games dabei gewesen zu sein, war ein verdammt cooles Erlebnis – kulturell wie auch menschlich.

ENGLAND

Unsere Tour durch die keltischen Länder neigt sich langsam dem Ende zu. Hier und anderswo kommt mehrmals pro Tag die Sonne raus, sogar im Mai. Bei jeder Aufheiterung stürzen wir uns ins Freie, um die bezaubernde Lake-District-Region, die reizvollen Dörfer der Cotswolds und vor allem die Küsten von Cornwall zu bewundern …

In England ist die Einwohnerdichte viel höher als in Schottland oder Irland, was sich im Verkehrsaufkommen auf den Straßen bemerkbar und die Suche nach lauschigen Nachtplätzen schwierig macht. Auch gibt es hier in dieser stark besiedelten Gegend weniger wilde, raue Landschaften. Wir legen uns also eine neue Reisestrategie zurecht, indem wir die Städte und touristischen Zonen noch gezielter umfahren. In England, vornehmlich aber an der südwestlichen Landspitze, sind die kleinen Landstraßen von hohen, dicht wuchernden Böschungen gesäumt, den sogenannten »Cornish Hedges«. Diese schmalen Wege stellen für Fahrer und Fahrzeuge eine echte Herausforderung dar – besonders, wenn unser »Patrick« auf einen anderen Kastenwagen trifft. Stress, Aufregung und verlorene Zeit – das ist alles andere als erholsam.

Die Panoramen, die uns Cornwall beschert, sind jedoch atemberaubend, umso mehr noch, wenn sie mit spektakulären Sonnenuntergängen einhergehen. Wir nehmen uns Zeit für Wanderungen an den Steilküsten und Strandbuchten zwischen Felsen und Meer. Der Himmel ist in Purpur, Violett und Rosarot getaucht, während schon frühzeitig die Sterne funkeln. Die Abstufungen und Farbnuancen faszinieren uns und stehen den schönsten impressionistischen Gemälden in nichts nach. Diese kontemplativen Momente laden zum Meditieren und bewussten Atmen ein. Ruhe, Entspannung und frische Luft – so kann sich England auch anfühlen: sanft wie ein Wiegenlied.

Nightspot

51°12'57.6"N | 3°30'54.5"W

Exmoor

Gleich hinter dem Städtchen Minehead immer weiter westwärts die Küste entlang fahren wir nun auf der »Hill Road« auf den Küstenabschnitt der »Exmoor Heritage Coast« zu.
In nur wenigen Kilometern nähert sich die Straße der Küste und bietet einen herrlichen Aussichtspunkt zur Beobachtung des Sonnenuntergangs.

10 Essentials

Stirnlampe

Handbesen

Feuerzeug

Wäscheleine und Wäscheklammern

Straßenkarten oder Navi

Papier & Kugelschreiber

Schraubendreher-Set

scharfes Messer

Klopapierrolle

Feldflaschen und/oder Wasserflaschen

Englische Exzentrik

England kann sehr extrem sein und das in vielerlei Hinsicht. Innerhalb von drei Tagen hatten wir zwei sehr originelle Erlebnisse. Zwei Wettrennen: einmal ein Cheese Rolling-Turnier voller Matsch und Schlamm, das andere Mal ein Pferderennen der vornehmen Art.

Cheese Rolling

Nur wenige Kilometer von Gloucester entfernt findet seit hundert Jahren alljährlich ein traditionelles Käserennen statt. Um zum Cooper Hill, einem überaus steilen Berghang und Schauplatz dieses skurillen Turniers zu gelangen, müssen wir querfeldein fahren und uns in die lange Schlange Schaulustiger einreihen.

Das erste Käserollen findet um 12 Uhr mittags statt. Das Prinzip ist einfach: Der König, mit großem weißen Papphut, stellt oben auf dem Gipfel fünfzehn Konkurrenten auf einer Startlinie nebeneinander auf und lässt den riesigen, sieben Kilogramm schweren Käselaib den Hang hinunterrollen. Sofort stürzen sich die fünfzehn Tollkühnen in die Käsejagd. Innerhalb weniger Sekunden steht kaum mehr einer auf seinen Beinen. Sie machen es dem Käse nach und rollen hinterher, rutschen auf dem Hintern, stürzen kopfüber und purzeln ineinander, alles geht drunter und drüber. Am Zieleinlauf werden sie von Rugbymännern grob und unwirsch gepackt, die ihren haltlosen Fall stoppen. Der Erste, der die Auffanglinie kreuzt, gewinnt den Käse! Nicht selten stehen die Rivalen nur mühsam oder hinkend wieder auf. Wir werden zu Augenzeugen massiver Schürfwunden und im Tal ertönt oft das Sirenengeheul der Rettungswagen.

Vielleicht stürzen wir uns auch eines Tages tapfer ins Gefecht! Ist es ein Käse wert, so viel zu riskieren? Der Platz des Zuschauers ist auch nicht übel …

Offizielle Website: www.cheese-rolling.co.uk

Pferderennen in Goodwood

Über Zufallsbekanntschaften ergeben sich die besten Dinge oft wie von selbst: Wir sind von Victoria und Richard zu einem berühmten Pferderennen in Südengland eingeladen! Es handelt sich um einen sehr schicken, glamourösen Galaabend im Hippodrom, zunächst mit sechs Rennen, dann Abtanzen zur Musik von einem internationalen DJ. »Korrekte Kleidung ist Pflicht«, heißt es auf der edlen Einladungskarte aus Bristolkarton! Ich kaufe mir noch schnell Schuhe und Bertrand schlüpft in die obligatorische Dreier-Kombi aus »Jackett + Hemd + Krawatte«, eine freundliche Leihgabe von Richard.

Am Eingang zur Reithalle zücken wir lässig unsere VIP-Badges und Einladungskarten. In diesem uns unbekannten Umfeld möchten wir vor allem souverän wirken. Ohne uns wirklich auszukennen, studieren wir die Pferderassen, deren Körperbau, Stammbäume und jüngste Rennleistungen. Die Stammspieler kreisen um die Wett-Tafeln, um bei den Buchmachern den besten Wett-Tipp einzuholen. Möge das Rennen beginnen, die Wetten sind gemacht!

Die herannahenden Pferde – zunächst noch in weiter Ferne – lösen ein Raunen und Grollen im Publikum aus. Auf der Zielgeraden springen alle auf und feuern lautstark ihren Favoriten an. Aus der Masse ertönen jubelnde »Victory«-Rufe. Nach Abschluss der sechs Rennen strömt die elegant gekleidete Menschentraube auf die Tanzfläche, um auf dem im Laserlicht funkelnden Parkett zu den Rhythmen der gefragten »Lady-DJ« zu tanzen. Danke, Victoria und Richard, für diesen unvergleichlichen Abend der englischen Art.

Die flachen Länder

Belgien, 400 km, 2 Tage
Niederlande, 900 km, 6 Tage
Deutschland, 1100 km, 2 Tage
Dänemark, 500 km, 6 Tage

Nordsee
DÄNEMARK
Kopenhagen
Susannes Rezepte (82)
Strände von Fanö (84)
Sackgasse mit Meerblick (89)
Peace on the road (70)
Berlin
»Patrick« (75)
Amsterdam
NIEDERLANDE
DEUTSCHLAND
Brüssel
BELGIEN

BELGIEN

Kaum haben wir die »flachen Länder« erreicht, vollzieht sich mit unserer Rückkehr auf den Kontinent ein markanter landschaftlicher Szenenwechsel. Adieu, Hügel und Berge! Hier hellt sich der Horizont auf und verschafft uns neue Perspektiven.

Wenn Kathdralen so hoch / die einzigen Berge sind«, sang Jacques Brel in einem seiner Chansons, das auf der Reise quer durch Flandern seine volle Bedeutung gewinnt. Das architektonische Bild ersetzt weite Landschaften. Hier gibt es viele Städte mit roten Backsteinbauten. Die Schönheit von Brügge, dem »Venedig des Nordens«, lädt zum Flanieren auf den Promenaden am Kanalufer ein. Weniger Höhenlagen, mehr Asphalt. Diese Ebenheit motiviert zum Radfahren. Der Drahtesel dient Jung und Alt, wird zu jeder Zeit gefahren und ersetzt oft das Auto – wir müssen unseren Fahrstil darauf abstimmen!

Hier haben wir nun Englisch gegen Holländisch eingetauscht, eine Sprache, die wir nicht beherrschen. Zum Glück sind die Einheimischen freundlich und bemühen sich, uns zu verstehen. Wir lieben ihren Akzent, ihre Art, das »r« zu rollen, und die Ausdrücke, die uns manchmal anachronistisch erscheinen. In puncto »touristische Strukturen« ist Flandern weniger gut aufgestellt. Wir haben Mühe, Fremdenverkehrsämter, Parkplätze und öffentliche WCs zu finden. In einer so dicht besiedelten Region ist dies aber durchaus wichtig.

Es herrscht milderes Wetter und der bekanntlich tief liegende graue Himmel des Nordens zeigt sich uns oft von der gegenteiligen Seite. Wenn morgens die Sonne auf »Patricks« Blechdach brennt, schlafen wir nicht länger aus! Wir haben die dicken Schlafsäcke verstaut und benutzen stattdessen Laken, was vollkommen ausreicht. Diese ersten Junitage bringen den Sommer näher, aber auf unserer Weiterfahrt in den Norden könnten die Temperaturen wieder sinken.

Schönheitspflege, gewusst wie!

Was unbedingt in den Kulturbeutel gehört

- Olivenöl (vorzugsweise bio, kalt gepresst und extra vergine)
- Kalksinterwasser
- schwarze Flüssigseife
- Fleckenentferner (Pfeifenerde)
- Natriumhydrogencarbonat (kurz: Natron)
- weiße Tonerde (extrafeines Pulver)
- ätherisches Minzöl
- ätherisches Palmarosaöl

Zum Abschminken bzw. für Feuchtigkeitsnachschub: Rühren Sie Ihr eigenes Einreibemittel an, diese dickflüssige, gelbliche Masse, die zum Einreiben von Babypopos verwendet wird. Genau! Schlicht eine Mischung aus 50 % Olivenöl und 50 % Kalksinterwasser. Sie spendet Feuchtigkeit, schützt die Haut und eignet sich hervorragend zum Abschminken.

Haar- oder Körperwäsche: Hierfür könnte die schwarze Flüssigseife nicht besser sein; sie reinigt und schenkt Feuchtigkeit.

Trockenshampoo: Zu viel Shampoo macht die Haare kaputt. Wenn man sie aber nicht wäscht, hat man bald einen Staubwedel auf dem Kopf – nicht sehr glamourös! Um das Shamponieren möglichst lange aufzuschieben und »vorzeigbar« zu bleiben, bietet sich Pfeifenerde an! Der natürliche Fleckenentferner ist dafür bekannt, Fett aufzunehmen; das gilt auch für Haare. Einfach den Kopf einpudern (aber nicht zu stark!) und beim Frottieren der Kopfhaut möglichst gleichmäßig verteilen, damit sich das weiße Pulver nicht stellenweise anhäuft.

Zahnpflege: In einem Glasschälchen ¼ Natron + ¾ weiße Tonerde + ein paar Tropfen ätherisches Minzöl anrühren. Das Mischverhältnis lässt sich nach Belieben abändern. Zahnbürste anfeuchten, in den Puder tauchen und die Zähne bürsten. Es schmeckt ein wenig salzig, aber sehr frisch, und nur weil sich kein Schaum bildet, heißt das nicht, dass es nicht richtig reinigt! Maximal zwei- bis dreimal pro Woche anwenden, an den anderen Tagen nur mit Wasser bürsten. Unsere Zähne sind in Ordnung!

Gegen unangenehmen Achselgeruch: In einem Schälchen 5 TL Natron mit 25 Tropfen ätherischem Palmarosaöl verrühren. Ihr altes chemisches Roll-On-Deo ist alle? Umso besser! Füllen Sie diesen kleinen Behälter mit der selbst gemachten Tinktur, und verwöhnen Sie damit Ihre Achseln! Sollte kein Roll-On vorhanden sein – kein Problem! Eine kleine Menge auf ein Baumwolltuch geben und die Achseln damit abtupfen – klappt genauso gut.

Peeling-Maske: Natron, was sonst?! In einem kleinen Schälchen 2 TL Natron mit 1 TL Wasser anrühren. Das Mischverhältnis so proportionieren, dass eine echte Paste entsteht. Die Paste auf das Gesicht auftragen und mit kreisenden Bewegungen einmassieren. Da capo mit den Beinen – so beugt man dem Einwachsen von Beinhaaren vor. Gut abbrausen, und schon ist die Haut zart, gut gepeelt und die Mitesser sind futsch!

Schluss mit den Einmalwaschlappen! Man kann sich quadratische Waschlappen auch selber nähen, eine Seite aus Baumwollstoff, die andere Seite aus Frottee. Ich habe ca. 30 Stück davon, für einen Monat.

Schluss mit Einmaltampons! Es gibt immer mehr Studien und Beiträge zu den verheerenden Folgen von Tampons für die Frauenintimhygiene! Die ökologische Alternative ist in diesem Fall die revolutionäre Menstruationstasse, auch Moon-Cup genannt. Diese kleine Silikonglocke fängt das Menstruationssekret auf. Sie kostet nur ca. 20 € und hält fünf Jahre! Darüber hinaus bleibt sie 12 Stunden fest sitzen: Sie wird morgens eingeführt, frau lebt ihr Leben, und am Abend wird sie herausgezogen, geleert und gespült, um über Nacht wieder ihre Dienste zu leisten. Bei jedem Monatszyklus (davor und danach) wird sie 5 Minuten in kochendem Wasser sterilisiert.

Emotionsreiche Zeiten

Jeder Tag beschert uns bewegende Gefühle. Wir empfinden intensiver als in unserem »gewöhnlichen Alltag«. Vielleicht gerade deshalb, weil der Kontext so außergewöhnlich ist. Mit Enttäuschungen werden wir nur schwer fertig, das geringste Hindernis auf der Straße und unsere Nerven liegen blank; hingegen wird jeder nette Mensch, dem wir begegnen zum besten Freund des Tages, jede Naturbeobachtung ist ein ergreifendes Erlebnis und verleiht uns neuen Auftrieb. Alles ist stärker, intensiver. Wir leben ungefiltert, ohne gesellschaftliche Konventionen. Es ist wie eine Rückkehr zu den elementarsten Emotionen: Freude, Traurigkeit, Wut, Angst und Abscheu. Mit im Gepäck ist natürlich immer die Liebe, unsere schönste Reisebegleiterin.

NIEDERLANDE

Die Niederlande werden ihrem Namen mehr als gerecht: keinerlei Erhebungen weit und breit. Die durchschnittliche Höhe über dem Meeresspiegel ist eine der niedrigsten der Welt! Es ist ein Land, wo das Zusammenwirken von Erde und Wasser die Landschaften und die Lebensformen zu bestimmen scheint.

Auf unserer Fahrt entlang der Küsten Richtung Norden passieren wir alle möglichen Dämme, Staumauern und Schleusen, die dem Hochwasserschutz und der Flutabwehr dienen. Die Unterschiede zwischen diesen großen Feuchtgebieten, die von riesigen Betonwällen umspannt werden, sind unglaublich. Ein Großteil der Deiche der Deltawerke sind ideale Standorte von Windparks geworden. Unser »Patrick« wirkt daneben zwergenhaft. Man gewöhnt sich an das Geräusch der Windradflügel, das sich mit dem des Windes und der Wellen vermischt.

Außer auf seine umwelttechnischen Anlagen ist Holland stolz auf sein Kulturerbe und seine Traditionen. Das erleben wir hautnah in der Stadt Gouda, wo Erzeuger und Händler seit jeher mit den riesigen orangefarbenen Käselaiben Geschäfte machen.

Das Schwemmland und Kanäle ziehen sich über das gesamte holländische Gebiet, das oft von den berühmten Windmühlen geprägt ist. Obwohl sie meist stillstehen, fügen sich die neunzehn Windmühlen von Kinderjik gut in die Umgebung ein. Sie strahlen Ruhe und Gelassenheit aus – Gefühle, die sich unweigerlich auf uns übertragen.

Bei Einbruch der Nacht sind wir etwas weniger entspannt. Das Problem in den Niederlanden ist, dass das Übernachten im eigenen Fahrzeug nirgendwo gestattet ist. Wir fordern also den Teufel nicht heraus und finden zugelassene Parkplätze oder zahlen den Stellplatz auf dem Campinggelände. Zwar ist das weniger »abenteuerlich«, aber manchmal gibt es eben Regeln, denen man sich bei einem Roadtrip beugen muss.

Der Alltag auf sechs Quadratmetern

Das Tageslicht dringt durch die Vorhangritzen unseres Bullis und kitzelt unsere Gesichter. Das Aufwachen nach dem Sonnenrhythmus ist sehr wohltuend. Kein klingelndes Handy oder störendes Summen des Vibrationstons. Wir strecken uns, dann erledigt jeder seinen Job. Ich rolle das Bettzeug ein, klappe das Bett wieder hoch und richte das Frühstück her, Bertrand zieht alle Vorhänge auf und schafft Ordnung. Die Gewohnheiten pendeln sich auch hier wie von selbst ein. Mit Tee, Keksen und Müsli im Magen studieren wir die Straßenkarten und legen unser nächstes Etappenziel fest. Einer der angenehmsten Momente: das zu tun, wonach uns gerade ist. Entscheiden, wo es hingeht, dann losfahren!

Bertrand sitzt öfter am Steuer als ich, weil er sich als Beifahrer langweilt. Wie jedes Paar am Steuer – Pilot und Copilot – sind wir uns manchmal uneinig, aber das hält nie sehr lange an. Alle Zwischenstopps sind möglich, Abstecher auch. Meist bleiben wir zu Pinkelpausen an »öffentlichen Toiletten« stehen, und wenn es ein Waschbecken gibt, nutzen wir das aus und spülen unser Geschirr, um unsere 30 Liter Trinkwasservorrat möglichst lange aufzuheben.

Der Tagesverlauf im Wohnmobil gestaltet sich nach unseren Besichtigungen, Ausflügen, Beobachtungen und Begegnungen. Da einige Worte mit den Einheimischen gewechselt, dort einige Tipps mit anderen Reisenden geteilt. Wir erfreuen uns an jedem Lächeln, jedem Akzent und jeder Geschichte. Es ist wichtig, sich nicht in seinem Schneckenhaus auf Rädern einzuigeln und gegenüber anderen offen zu bleiben.

Wenn es Abend wird, suchen wir unseren »Nightspot«. Er muss diskret, angenehm und ebenerdig sein und, wenn möglich, mit schöner Aussicht. Auch das Zubettgehen ritualisiert sich. Bertrand räumt auf und zieht die Vorhänge zu, während ich unseren Schlafplatz vorbereite. »Alles hat seinen festen Platz«, so lautet die goldene Van-Regel. In dem schmalen, aber bequemen Bett mangelt es uns an nichts. Alles Notwendige ist in diesem Wohnmobil untergebracht. Uns wird bewusst, dass vieles überflüssig ist.

DRIVE YOUR ADVENTURE

Vestas
NB 3
WTG 43089
E-Connection

Peace on the road

»Der ist so blitzblank und neu, fast wie eine Luxusklinik.« So lautete der Kommentar von Mattijs, als er »Patrick« inspizierte. Sicher fehlt es unserem California-Bus noch an individuellem Touch. In seinem Gefährt hingegen wimmelt es nur so von kleinen Schätzen und Souvenirs – Aufkleber, Fähnchen, Federboa, ein Kaktus, eine Kokosschale und eine hawaiianische Tänzerin als Wackelfigur.

Seinen Roadtrip-Kick bekam er 2013 in Australien. Er hat dort sechs Wochen in einem gemieteten Campingbus gelebt. Bei seiner Rückkehr nach Holland war es dann bereits beschlossene Sache: er würde sich seinen eigenen Offroad-Van zulegen und sich damit seine Abenteuerträume erfüllen.

Mattijs hat seinen Westfalia leer gekauft und rundherum hergerichtet. Vom Motor bis zu den Sitzen, von den Einbauten bis zum Aufstelldach – alles ist selbst gemacht und das spürt man auch. Nach sieben Monaten Bastelei testete er seinen Van in Deutschland. Die erfolgreiche Probetour motivierte ihn, für sechs Wochen in den Süden Europas zu tingeln. Seither fährt er nur noch mit seinem Camper.

Wir treffen uns auf der Insel Texel und folgen seiner PEACE-Fahne, die hinter der Heckscheibe angebracht ist. Er zeigt uns seine ihm wohlvertraute Insel der Kindheit. Wir wandern die langen Strände entlang und halten Ausschau nach Seehunden oder beobachten die Surfwellen. Wir lernen auch den Wald von Texel kennen – in der dichten, geräuschvollen Kulisse finden wir eine Lichtung, um die Slackline zu spannen, die Hängematte aufzuspannen und ein Feuerchen zu machen. Entspannung und frische Luft. Freiheit!

Das Wochenende ist vorbei und wir verabschieden uns von Mattijs in der Hoffnung, ihn bald wiederzusehen. In zwei Jahren wird er sich einen seiner großen Träume erfüllen: ganz Amerika bereisen – Nord- und Südamerika! Eins ist sicher: Wir werden seine Abenteuer verfolgen und warum nicht sogar kurz dazustoßen?

WESTFALIA
VANS
OFF THE WALL

WESTFALIA
EB-540-RO

Auf acht Rädern

Mit anderen Campern gemeinsam touren hatte uns gefehlt. Mit Mattijs entdecken wir aufs Neue, was es heißt, zusammen unterwegs zu sein. Echte Van-Nomaden! So gewinnt unser Roadtrip noch mehr Gemeinschaftscharakter. Und das ist unterwegs etwas ganz anderes als zu Hause. Man hat weitaus stärker das Gefühl, gemeinsame Werte zu verkörpern und die gleichen Leidenschaften und Sehnsüchte zu teilen.

DEUTSCHLAND

Unsere Reise durch Norddeutschland sollte uns 350 Kilometer an der Nordseeküste entlang bis nach Dänemark führen – doch die Unwägbarkeiten unserer Reise entschieden anders.

Am Vorabend unseres Eintreffens auf deutschem Staatsgebiet erhalten wir eine besondere Einladung seitens der Volkswagenwerke. Uns wird eine Privatbesichtigung der Montagelinie für das Modell California Beach angeboten – sprich unseres »Patrick«! Mehr brauchte es nicht, dass wir unsere Pläne über Bord warfen und unser Navi auf die GPS-Strecke nach Hannover in Niedersachsen einstellten.

»Patrick« wird zu seinem Stammhaus zurückkehren und seine neuen Geschwister kennenlernen. Vor dem Gittertor des VW-Werks: viele Leute! Das muss der Schichtwechsel sein. Produziert wird rund um die Uhr in drei Schichten. Wir werden von Frank im weißen Kittel empfangen und von Katarina, einer Studentin im Praktikum, die während der Besichtigung für uns dolmetscht.

Wir brechen zu Viert auf, um den Prozess des Ausbaus eines jeden Fahrzeugs nachzuvollziehen, sobald es hier eintrifft. Die erste Montagelinie ist auf das Aufstelldach spezialisiert. Nach der Farbwahl wird der (elektrische oder manuelle) Hubmechanismus aufmontiert. Wir gehen weiter und kommen an den großen Innenraumkomponenten vorbei wie etwa Küchenblock oder Sitze. Der nächste Fertigungsabschnitt ist genau getimt: die Fahrzeuge gleiten im Schneckentempo dahin. Die Monteure jedoch lassen sich ganz im Gegensatz zu uns nicht aus der Ruhe bringen und scheinen an diese Langsamkeit, die dem Ablaufen einer Sanduhr gleicht, gewöhnt zu sein. Hier hat jeder Arbeiter innerhalb einer streng definierten Montagezone eine präzise Aufgabe zu erfüllen. In diesem Stadium teilt sich die California-Serie in drei Sondermodelle auf: Coast, Beach oder Ocean, je nachdem.

Anschließend kommen verschiedenste Prüf- und Testphasen. Jeder Winkel wird sorgfältig inspiziert und nach dem kleinsten Fehler abgesucht. Der letzte Stopp ist die Waschanlage. Die Fahrzeuge glänzen dann funkelnagelneu und werden in ein größeres Werk verbracht, das die Auslieferungslogistik für diese Tausendschaften von VW-Bussen übernimmt, die per Autotransporter auf Straße, Schiene und Schiff in alle Welt exportiert werden.

Alle diese Fahrzeuge entsprechen ebenso vielen Paaren, Freunden und Familien, die mit dem Freiheitspotenzial einer Van-Tour experimentieren können!

»Patrick« – voll durchorganisiert

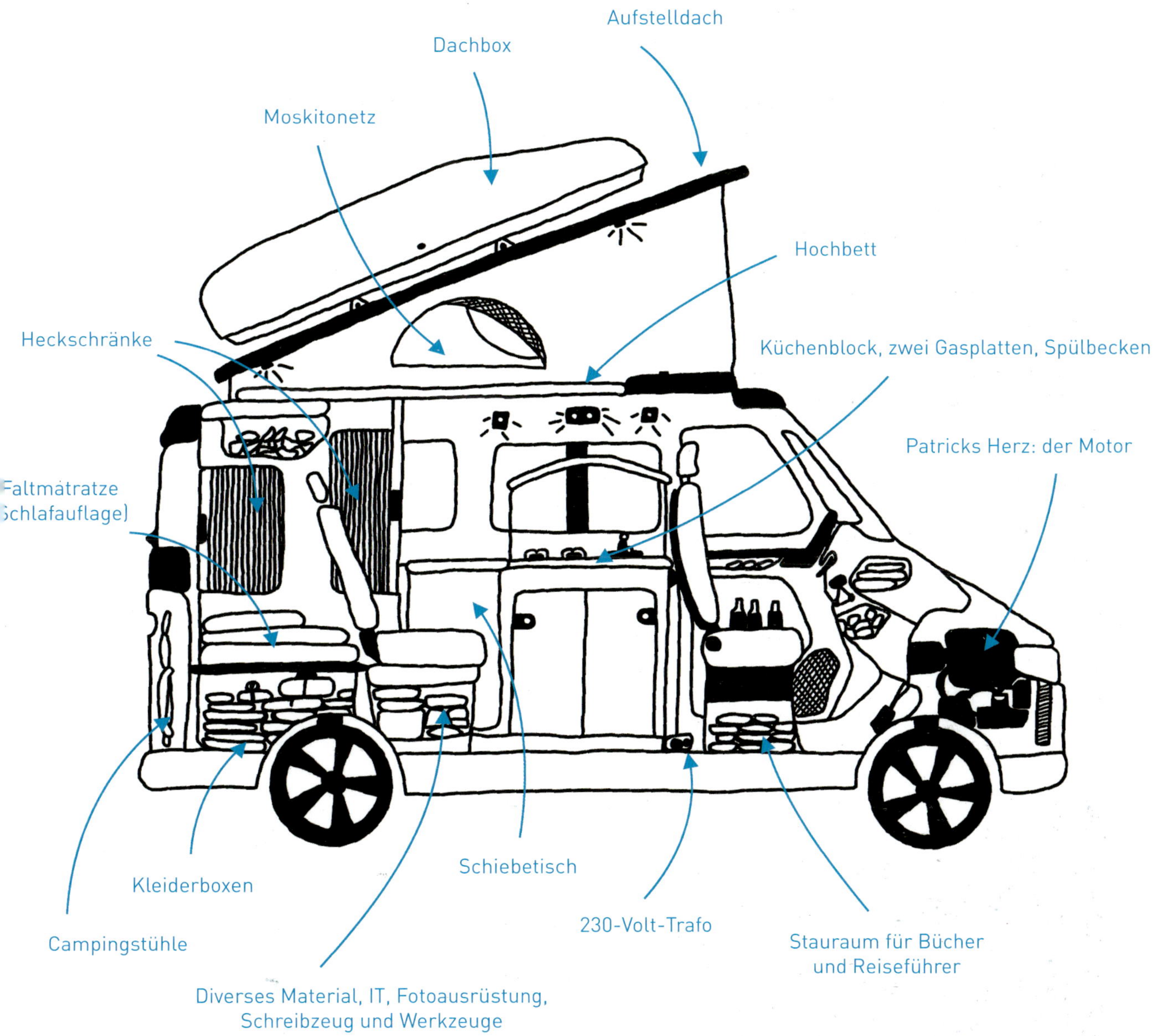

Perfekte Ordnung

Als uns We-Van bei der Schlüsselübergabe unseren Campingbus »Patrick« vorstellte, mussten wir uns eine Verstaustrategie ausdenken und uns über die ganze Reise hinweg daran halten, um uns stets zurechtzufinden.

Das Fahrerhaus

Das Armaturenbrett bietet drei Staufächer:
– das Handschuhfach enthält Kleinelektronik und Zubehör: Navi, WLAN-Station, 12-Volt-Adapter, Navigationsgerät, USB-Ladegeräte für die Handys;
– im rechten Seitenfach haben wir den VW-Bus-Reparaturleitfaden verstaut, den Guide Michelin Europa und die Fahrzeugpapiere;
– das mittlere Ablagefach ist für Sammelsurium: Aufkleber, Trillerpfeife, Farbkreiden, kleine irische Elfe als Talisman.

Jeder hat seine eigene Tür mit Stauraum:
– Bertrand: Stirnlampe, Sonnenbrille, Antimückenspray, einen Schlüsselsafe, um unsere Autoschlüssel zu sichern, wenn wir surfen gehen, Wasserflaschen und Fenstervorhänge;
– Elsa: Armbänder, Kuli, ätherische Öle, atmungsaktive Handschuhe, Mütze mit Moskitonetz, Sonnencreme, Wasserflaschen und Visitenkarten.

Unter dem Beifahrersitz haben wir vor der Abreise ein Dutzend Bücher verstaut, Reiseführer und diverse andere Bücher sowie einige ausgewählte Romane.

Wohnbereich

In der Küche ist das System einfach: die Kochutensilien rechts, die Lebensmittel links. Da wir Plastik und Verpackungen vermeiden, ist der linke Unterschrank mit Gefäßen jeder Größe gefüllt, was auf holprigen Straßen ein regelrechtes Klangkonzert erzeugt.

In dem großen Seitenschrank neben der Küche verstauen wir die größeren Sachen wie z. B. Waschmittel- und Natron-Kanister, die Hängematte, die Slackline, die Schlafsäcke, das Natron und die Yogamatte. Im Dachschrank, der sich wie ein Gepäckfach im Flugzeug öffnet, ist unsere Unterwäsche verstaut. In einer großen Schublade unter der Rücksitzbank bewahren wir unser IT-Material auf (Laptops, Harddisks, Kabel, SD-Speicherkarten) sowie Zeichenmaterial (Hefte, verschiedenste Stifte).

Der kleine Seitenschrank im Heckraum links dient als Badschrank für Handtücher, Reiseapotheke, Seife, Shampoo und Kulturbeutel. Ebenfalls ganz hinten stehen zwei große Kleiderkisten – eine für jeden von uns! Im verbleibenden Stauraum sind unsere zwölf Paar Schuhe und das schwere Stativ von Bertrand untergebracht

Bleibt nur noch unsere Dachbox, die sich wie ein riesiges Fluggeschoss ausnimmt. Leider schlägt das bei der Fahrzeughöhe zu Buche. Dort verstauen wir noch mehr Outdoor-Spielzeuge, u. a. Skateboards, Angelrouten, Minigrill, Neoprenanzüge usw.

DÄNEMARK

Dänemark, das historische Land der Wikinger, ist das Bindeglied zwischen den flachen Ländern und Skandinavien. Dieser Kleinstaat, eingezwängt zwischen Nord- und Ostsee, zählt Hunderte von Inseln und ebenso viele Strandaktivitäten, die es zu entdecken gilt.

Der Juni ist ein milder Monat und ideal, um diese kaum bekannten Gefilde auf leisen Sohlen zu erkunden. Sonne, frischer Wind und temperiertes Wasser – wir entdecken Dänemark von Strand zu Strand. Die Insel Fanø ist unser Favorit, aber auch den anderen Ufern mangelt es nicht an Charakter, man nehme nur die Kreidefelsen von Møns Klint. Die Steilklippen ragen über dem glasklaren Wasser der Ostsee auf, deren Brandungswellen auf den makellosen Strandkieseln Treibholz anschwemmen. Wir würden gerne jeden Baumstamm und jeden Zweig dieses vom Wasser glatt polierten, weißen Holzes mitnehmen, aber auf unseren sechs Quadratmetern wird es schnell eng. In einem so begrenzten Raum ist selige Sachlichkeit angesagt!

Anderthalb Monate ist es nun her, dass unser Roadtrip begonnen hat. Wir werden immer selbstsicherer. Uns wird bewusst, dass wir das auserwählte Tandem sind, dass wir nicht träumen, dass dieser Campingbus für sechs Monate uns gehört und dass wir mit ihm freien Mutes losziehen und unglaublich verschiedenen Menschen begegnen können. Wir verfeinern unsere Art und Weise, anderen gegenüber aufzutreten, minimieren unsere Aussprachefehler, wenn wir uns in einer anderen Sprache versuchen. Wir gewöhnen uns an dieses Nomadenleben, versorgen uns auf Märkten, um unsere kleinen Gerichte im Van zu kochen, und kommen mit dem beschränkten Komfort allmählich klar. Tag für Tag passen wir uns dem an, was die Straße gerade hergibt. Der Roadtrip ist ganz unser Ding!

EDITION 2016
DRIVE YOUR ADVENTURE
EXPLORING EUROPE
weVan
EB-540-RQ

Susannes Rezepte

Auf der Insel Fanø werden wir von Susanne mit offenen Armen empfangen. Ursprünglich stammt sie von einer Insel, die weiter im Osten von Dänemark liegt, aber seit zwölf Jahren arbeitet sie hier als überkommunale Krankenschwester. Sie bittet uns, die Gartentür hinter uns gut zu verschließen, denn die Hirschkühe fressen ihre Pflanzen und andere Köstlichkeiten aus ihrem Gemüsegarten liebend gerne. Susanne wird uns zwei typisch dänische Gerichte beibringen.

Kold kartoffel salat & pølser

Zutaten

800 g kleine Kartoffeln

1 weiße Zwiebel

250 g Crème fraîche

100 ml Flüssigjoghurt

½ Bund Schnittlauch

1 EL Sonnenblumenöl

6 Würstchen vom Metzger

Salz und Pfeffer

Die Kartoffeln kochen und auskühlen lassen, damit sie schön kalt und hart werden.
Die Zwiebel sehr fein reiben.
Die Kartoffeln in feine Scheiben schneiden. Crème fraîche, Joghurt, Zwiebel und zerkleinerten Schnittlauch vermengen und die Kartoffeln hineingeben. Nach Belieben mit Salz und Pfeffer abschmecken.
In einer gut erhitzten Pfanne die Würstchen in Sonnenblumenöl braten. Fertig!

Koldskål

Zutaten

2 extrafrische Eier

4 EL Zucker

500 ml Flüssigjoghurt

500 ml Buttermilch

1 Messerspitze Vanille (Pulver, Extrakt oder Stange)

500 g Erdbeeren

1 Packung Butterkekse

Die Eier über einer Salatschüssel aufschlagen, den Zucker hineingeben und das Ganze kräftig verquirlen. Immer weiter verrühren, bis alles gleichmäßig vermengt ist. Den Joghurt, die Buttermilch und Vanille hinzufügen. Die Mischung weiter schlagen.
Die Erdbeeren waschen und in nicht zu dünne Scheiben schneiden.
Unter die Mischung heben und vor dem Servieren mindestens eine Stunde kühl stellen.
Zum Verspeisen je einen Schöpflöffel dieser köstlichen Erdbeersuppe in einzelne Teller füllen und die Butterkekse in kleinen Stückchen darüberstreuen.

Nach dieser superleckeren, dänischen Mahlzeit haben wir unsere Gastgeberin bis zum Schiff ihrer Pendlerfreunde zur See begleitet. Wir sind zwei Stunden rund um die Insel gewandert, um Seehundkolonien zu beobachten. Nach der Rückkehr gibt es nichts Besseres als einen Schnaps, um sich wieder aufzuwärmen!

Die Strände von Fanø

Die Insel Fanø gehört zum Nationalpark Wattenmeer. Wie etwa fünfzig weitere dänische, deutsche und holländische Wattenmeerinseln ist auch sie Habitat für Fische, Seehunde und Zugvögel, die in den hohen Norden ziehen und hier eine Rast einlegen. Sie finden auf den von Ebbe und Flut geformten Salzwiesen Nahrung in Hülle und Fülle.

Mit weiten, weißen Sandstränden, ohne die leiseste Welle, und den seichten und relativ warmen Gewässern (19–21 °C) ist der Sommer hier ein Paradies für Familien, die Schaufeln und Rechen auspacken. Es bläst aber auch ein starker Wind, der Kitesurfer, Windsurfer und Strandsegler begeistert. Badegästen und Sportlern sind im Übrigen abgegrenzte Strandabschnitte vorbehalten, um Unfälle zu vermeiden. Bei »Kites & Coffee« in Sønderho bietet der Ladeninhaber Christian alles, was man braucht, um mit dem Wind zu spielen. Ob man nun ein Superathlet oder nur Gelegenheitssportler ist, Sport und Freizeitspaß sind hier keine Grenzen gesetzt. Wir haben das Strandsegeln ausprobiert und das war ein großartiges Erlebnis! Vor allem für mich, die ich das Fahrgestell anscheinend besser beherrsche als Bertrand. Christian verkauft auch jede Menge Drachen, denn Mitte Juni findet hier alljährlich das größte Drachenfestival der Welt statt. Hunderte von Drachenenthusiasten aus aller Welt kommen hierher, um ihre neuesten Modelle steigen zu lassen.

Weiter im Süden der Insel lassen sich ruhigere, jedoch ebenso interessante Aktivitäten über das Tourismusbüro buchen. Wir haben die Seehund-Safari ausgewählt, eine Barfußwanderung mit aufgekrempelten Hosenbeinen zur Erkundung des Watts und seiner Bewohner. Unser Guide Jesper, auch »Austernkönig« genannt, erklärt – falls gewünscht – in sieben Sprachen die Eigenheiten der Salzwiesen, der Sandwürmer, der Schalentiere, der Wasservögel und vor allem der Seehunde! Die Wanderung zum Jørgens Lo, einem 200–300 Meter breiten Priel, führt uns ziemlich nah an sie heran. In den Gewässern von

Fanø leben zwei Seehundarten, wobei die größten Exemplare bis zu drei Meter lang sein können. Die Seehundjungen werden »Heuler« (auf Dänisch *hyler*) genannt. Die Muttertiere erkennen ihren Nachwuchs nicht über den Geruchs- oder Sehsinn, sondern über das Gehör an ihrem typischen Geheule.

Wir beobachten sie eine Weile mit Spektiv und Fernglas. An Land bewegen sie sich tolpatschig und unbeholfen, während sie im Wasser ihre Anmut und Wendigkeit wiedererlangen. Nun aber steigt die Flut, das Meer gewinnt wieder an Terrain und treibt uns freundlich strandwärts.

Bleibt uns nur noch, diesem kilometerlangen Strand, wo man sich gut zu Fuß, mit Fahrrad oder Auto fortbewegen kann, Lebewohl zu sagen. Fanø steckt voller Geschichten und ist reich an Naturattraktionen, die wir nicht alle kennengelernt haben. Wir kommen wieder. Auf bald, Fanø!

Segel- und Surfshop: www.kiteandcoffee.dk
Drachenfestival: www.kitefliersmeetingfanoe.de
Informationen: www.visitfanoe.dk

Zeitlos

Wir fühlen uns losgelöst von der Zeit. Wir schweben gleichsam über der Realität, fernab der gesellschaftlichen Routine. Für uns gibt es keinen unliebsamen Montag, keine Mittagspause mit den Kollegen, kein Gläschen mit Freunden auf der Terrasse, keinen Casual Friday, keine Pläne fürs Wochenende, keinen Pendler-Blues und keinen Urlaub. Wir vergessen darüber die Zeit – seltsames Gefühl. Im Randdasein entziehen wir uns jeder Norm. Ohne festen Rhythmus fließt die Zeit wellenartig dahin, vergeht mal langsamer, dann plötzlich wieder schneller. Das Schreiben eines Reiseblogs hilft uns, den Kalender im Auge zu behalten. Jedoch haben Wochentage und Termine kaum noch Bedeutung. Ohne die Werktage existiert kein Wochenende mehr, und umgekehrt. Jeder Tag muss neu definiert werden, und wir müssen ihm einen Sinn geben. Wir leben einfach in den Tag hinein – frei und kompromisslos.

DRIVE YOUR ADVENTURE
weVan
EB-540-RO

Nightspot

55°11'19.6"N | 10°06'51.9"E

Sackgasse mit Meerblick

In Dänemark ist nicht klar definiert, ob freies Campen erlaubt ist oder nicht. Bei dieser Location aber entsteht kein Stress, denn hier wird uns niemand finden können. Am Ende einer Sackgasse geht die Asphaltstraße in einen dicht bewachsenen Feldweg über. Achtung: niedrig hängendes Blätterwerk! Nicht weit von hier wartet ein erstklassiger Standort mit Meerblick – dort wird uns außer Störchen und Schafen niemand Gesellschaft leisten.

SKANDINAVIEN UND FINNLAND
Schweden, 800 km, 5 Tage
Norwegen, 4500 km, 18 Tage
Finnland, 2100 km, 10 Tage

Europäisches
Nordmeer
Lyngenalpen (118)
Kvalvika (114)
Lappland-Biwak (126)
Kala keittö (129)
SCHWEDEN
Nicht bewegen,
nicht sprechen! (132)
FINNLAND
Eisklettern am Gletscher (108)
Helsinki
NORWEGEN
Stockholm
Oslo
Ostsee
Mittsommer (94)
Preikestolen (104)
Nordsee

SCHWEDEN

In Schweden – ein großes, dünn besiedeltes Land – ergibt sich ein völlig anderes Bild mit weitläufigen Landschaften und schlichter Architektur. An den wenigen Tagen, die wir an der Südwestküste verbringen, empfinden wir beide gleichermaßen, dass die Balance zwischen Mensch und Natur dieses Gefühl der endlosen Weite noch verstärkt.

Um uns herum sind immer weniger Backsteinbauten zu sehen, hingegen prägen hier typische Schwedenhäuser das Bild. Ihre roten Holzfassaden mit den vertikal verlaufenden Latten und weißen Einfassungen lassen erkennen, dass wir mehr und mehr nach Skandinavien eindringen. Hinter dem Naturschutzgebiet Kullaberg fahren wir weiter zur Küstenstadt Göteborg, hüpfen auf der Suche nach Fischerdörfern von Insel zu Insel, kraxeln an Felsbuchten herum und trotzen dem Dickicht der Wälder. Diese Momente des Einklangs mit der Natur sind erholsam und belebend zugleich. Yoga am Morgen auf einem Schwimmsteg, Rückenentspannung und Tiefenatmung schenken Ruhe und Entspannung für den ganzen Tag. Oft begleitet uns Vogelgezwitscher, die Luft wirkt reinigend und wir tauchen voll und ganz in die ländliche Idylle ein.

Die Tage werden länger und verdrängen zunehmend die Nacht. Trotz der zugezogenen Vorhänge unseres Bullis findet das Licht immer einen Weg durch die Vorhangritzen, um uns die Nase zu kitzeln. Selbst tief in der Nacht wird es nie ganz dunkel. Und je weiter wir uns dem Nordkap nähern, desto mehr wird die Mitternachtssonne für Helligkeit sorgen und die Nacht zum Tag machen!

Mittsommer

Midsommar, die »Sommersonnenwende« bzw. der »Johannistag«, ist nach Weihnachten das größte Volksfest in Schweden! In jeder Stadt spielt sich das Gleiche ab: Treffpunkt um 15 Uhr vor der Mittsommerstange (ähnlich dem deutschen Maibaum), wo das Sonnwendfest mit Tanz und Spielen gefeiert wird. Es handelt sich um ein großes, mit Efeu ausgeschmücktes Holzkreuz, zur Linken und zur Rechten mit je einem Efeukranz bestückt.

Für das Fest gilt es, sich entsprechend herauszuputzen, sich also frühlingshaft bis sommerlich zu kleiden, aber vor allem ländlich! Helle Farben, leichte Stoffe, und nicht zu vergessen: Blumenschmuck im Haar! Am Morgen pflücken die Frauen Wiesenblumen und flechten aus den Sträußen einen Blumenkranz als Kopfschmuck. Dank Evas (sprich *Iiva's*) Geduld und Freundlichkeit erlernen auch wir die Kunst des Blumenbindens!

Mit Blumenkranz gekrönt, darf sich frau nun zusammen mit Hunderten von anderen Familien zur Maistange begeben. Die Leute kommen hauptsächlich ihrer Kinder wegen, denn die traditionellen Tänze sind ziemlich naiv. Ein musikalisches Trio aus »Gitarre + Akkordeon + Gesang« stimmt den Tanz an. Man stellt sich im Kreis auf, gibt sich die Hand und dreht sich um die eigene Achse, klatscht in die Hände, ahmt Tierlaute nach und berührt kurz seinen Reigennachbarn. Nach dreißig Minuten lösen sich die Tanzreigen allmählich auf, die Kinder tollen herum, und die Erwachsenen bestellen Naschereien. Die Feierlichkeiten beschließt man zu Hause im Rahmen eines großen Familienessens.

Am Abend wählen die Frauen sieben verschiedene Blumen aus ihrem Kranz und legen sie unter ihr Kopfkissen. Der Mann, von dem sie in dieser Nacht träumen, ist ihr künftiger Gemahl!

Landratten

Wir sind eher weniger Stadtmenschen. Wenn wir uns einer Großstadt nähern, verdichtet sich der Verkehr, die Autofahrer werden gereizter, weil sie es eiliger haben, und für uns wird es anstrengend, weil wir uns nicht auskennen. Dann muss auch noch ein Stellplatz für »Patrick« gefunden werden, sei es eine Parklücke, in die sich locker einparken lässt, sei es ein Parkhaus bzw. -platz mit ausreichender Durchfahrtshöhe; wenn möglich zentrumsnah, und wo wir länger als eine Stunde stehen bleiben dürfen, ohne einen Strafzettel zu riskieren. In der Stadt ist es kaum möglich, zu übernachten, und in der Dunkelheit ist es rund um die Stadt mühsam, noch schnell einen Nightspot zu suchen. Mit Besichtigungen halten wir uns also nicht allzu lange auf. Wir sind misstrauischer, denn in der Stadt sind Einbruch- und Diebstahlrisiko am größten. Wir können unseren »Patrick« mit all unseren Sachen nicht einfach allein lassen. Nein, mit dem Wohnmobil in der Stadt herumkurven, ist wirklich nicht unser Ding. Wenn es unbedingt sein muss, dann durchfahren wir sie auf kürzestem Weg, aber wenn es sich vermeiden lässt, ergreifen wir die Flucht – wie echte Landratten!

NORWEGEN

Beim Passieren der Grenze nach Norwegen vollzieht sich ein radikaler landschaftlicher Szenenwechsel: dichte Waldkulisse mit hohen Tannen und kurvenreichere, fast bergige Straßen. Alle Landschaftskonturen treten stärker hervor, wir sind bereits ganz hin und weg.

Wir kommen vom Süden her ins Land. Ab hier beginnt die große Tour bis hinauf zum arktischen Polarkreis. Von der Straße aus bewundern wir die Dörfer mit Gründach-Holzhäusern, die förmlich mit der Landschaft verschmelzen. Das Gras und die Sträucher auf bestimmten Dächern scheinen Teil des dahinterliegenden Tales zu sein. Wir legen weite Distanzen mit stundenlangen Fahrzeiten zurück, uns wird aber nie langweilig, denn es gibt immer etwas zu sehen: Berge, Seen, Wasserfälle, Wolken, mitunter Schnee und Gletscher in der Ferne.

In Norwegen gibt es sehr wenige gerade Strecken. Zwischen Bergen und Fjorden schlängelt sich alles. Die Tunnel sind lang und sehr spärlich beleuchtet, die Tunnelwände grob gehauen. Wir fahren Kurve um Kurve durch die Eingeweide der Berge. Die Fjorde überqueren wir mit Autofähren und gewöhnen uns an diese kurzen Pausen zwischen zwei Etappenzielen.

Mit dem Wetter haben wir nicht so viel Glück. Der Himmel ist oft grau und es regnet fast jeden Tag. Mütze und dicke Jacken sind uns fast schon angewachsen, und das mitten im Monat Juli! Oft müssen wir uns gezwungenermaßen in unserem Kokon auf Rädern einigeln. Resigniert warten wir im Warmen und beobachten, wie die Regentropfen auf die Fensterscheiben unseres Vans rieseln.

Norwegen beschenkt uns dennoch reichlich. Seine Landschaften und die Erlebnisse, die das Land uns beschert, sind einmalig. Wir begegnen Saisonarbeitern und Travellern, jedoch kaum Norwegern. Vielleicht fliehen sie ja vor den Touristenmassen im Sommer. Ist der Norweger womöglich menschenscheu? Wir werden noch mal im Winter vorbeikommen, um ihn aus der Reserve zu locken und ihm dabei zuzuschauen, wie er sich in seinem eisigen Element entfaltet.

Preikestolen

Informationen

Ort: Preikestolen

Höhendifferenz: 400 Meter

Entfernung: 7,5 km

Dauer: 3,5 Stunden

Die berühmteste Wanderung Norwegens führt uns auf das Felsplateau des Preikestolen, das 600 Meter über dem Lysefjord aufragt. Dank Mitternachtssonne ziehen wir relativ spät los und weichen so dem großen Klettererandrang aus. Oben auf Preikestolen angekommen, haben wir den Eindruck, als kehrten sich hier Raum und Zeit um. Es ist, als würden wir in die Fotografien eintauchen, die wir seit Monaten schon bewundern. Der Fjord leuchtet türkisblau, die ihn umgebenden Steilklippen haben alle möglichen Formen und Farben, der tiefe Abgrund ist schwindelerregend. Hier sind wir nun! Wir versuchen, uns diesen Erlebnismoment einzuprägen und ihn in unserer Erinnerung zu verewigen.

Freiheit

Norwegen strahlt ein Gefühl von Freiheit aus. Gemäß dem hier geltenden »Recht eines jeden Einzelnen« gehört die Natur uns allen. Wir können also frei campen, wo immer es uns gefällt. Keine Absperrungen nahe den Steilwänden, nicht einmal in den touristischsten Gegenden. Hier gibt es keine strengen Reglements – wir dürfen ein Lagerfeuer anzünden, wo und wann immer wir möchten. Wir tragen allerdings auch das volle Risiko. Es ist, als nähme das Land seine Einwohner wie auch Besucher und Durchreisende in die Verantwortung. Übernachten im Freien ist erlaubt, jedoch gilt es, Rücksicht auf die Umwelt zu nehmen, indem man außer seinen Fußspuren nichts zurücklässt; man bewundert die Aussicht, man kann sich sogar – wenn man will – der Leere unter den Füßen nähern, aber niemand wird da sein, um einen aufzufangen, wenn der Wind ein wenig zu stark bläst. Man darf ein Lagerfeuer anzünden, muss sich aber um alle Vorsichtsmaßnahmen kümmern und die Umwelt schützen. Kurzum: weniger Regelwerk, mehr Freiheit! Mehr gesunder Menschenverstand für ein besseres »Zusammenleben«.

Eisklettern am Gletscher

Heute geht es auf einen Gletscher! Um uns dorthin zu begeben, benötigen wir Kayaks. In Schwimmwesten gepackt paddeln wir in den Seitenarm des Nigarsdbreen, einer leicht zugänglichen Gletscherzunge im oberen Jodestal. Ich gebe das Tempo vor, Bertrand steuert – schön ist das! Nach dem Anlegen brauchen wir dreißig Minuten, um zum Ausgangspunkt zu gelangen.

Ohne professionelle Ausrüstung geht hier gar nichts: Hüftgurt, Karabinerhaken, Schuhspikes, Metallbolzen, Eispickel und Kletterhelme. Das Seil, das uns mit unserem Vorsteiger verbindet, nennt sich Lebensseil, und während unseres Aufstiegs darf es nicht zu straff, aber auch nicht zu locker gespannt sein. Um garantiert gut gesichert zu sein, »muss es wie ein schönes, breites Lächeln geschwungen sein«.

Unsere ersten Kletterschritte auf dem Eis sind leichter als wir dachten. Die Metallbolzen erfüllen ihren Zweck. Wir tasten uns auf diesem chaotisch geformten Eiskoloss mit schroffen Spitzen und tiefen Spalten langsam voran. Wir klettern hoch und steigen in ein Schmelzwasserbecken hinunter. Im Bauch des Gletschers sieht es ganz anders aus als an seiner Oberfläche. Je älter und komprimierter, desto intensiver leuchtet das Gletschereis, denn es absorbiert alle Farben des Lichtstrahlenspektrums. Die Eispickel lassen sich nur sehr schwer setzen, und wir haben große Mühe, uns bis zum Ausgang hochzukämpfen.

Auf dem Rückweg herrscht Stille: sicherlich der Müdigkeit wegen, aber auch aus Bewunderung für diese surreale Landschaft. Unter unseren Füßen bauen sich Tag für Tag kilometerlange Eismassen auf. Das Wasser lebt, der Gletscher stößt vor. Ein letzter Blick zurück auf den Nigarsdbreen, ein letzter Paddelschlag. Die Reise geht weiter.

Ice Troll
Jostedal
www.icetroll.com
00 47 97 01 43 70
180 € pro Person für eine geführte Tagestour

EB-540-RQ

Goldene Vanlife-Regeln

Den Raum bestmöglich nutzen

Aufräumen! »Alles dorthin verstauen, wo es hingehört«

Täglich Geschirr spülen

Offene Kommunikation – alles muss klar angesprochen werden

Sich jeden Tag an eine neue Umgebung anpassen

Auf der Straße stets Aufmerksamkeit und Vorsicht walten lassen

Jede Menge gute Musik zusammenstellen

Den Tipps der Einheimischen folgen

Sich wagemutig abseits ausgetretener Pfade bewegen

Ganz nach seinem eigenen Rhythmus leben

Die verstreichende Zeit in vollen Zügen genießen

Glücklich sein

Ein entrückter Augenblick des Staunens

An der Küstenstraße von Kystriksveien, eine Stunde vor Bodø. Stille. Wir schweigen. Es spielt nur die US-amerikanische Folkband Beirut mit der kehligen Stimme ihres Sängers Zach Condon. Es ist 23 Uhr und die über den Bergen stehende Mitternachtssonne spiegelt sich in den kristallklaren Fluten des Fjords. Auf dem ruhigen Wasserspiegel gleitet ein Boot mit zwei Fischern dahin – jedoch kaum ein Wellenkräuseln. Ein unbeschreibliches Bild. Ein Gefühl grenzenloser Dankbarkeit. Ich begreife und weiß um unser Glück, hier zu sein, jetzt, zu zweit. Ein wonnevoller Augenblick, in meinen Augen steigen Tränen auf. Mit dem Ende des Lieds verklingt auch das Wonnegefühl, die Erinnerung jedoch ist unauslöschlich.

Kvalvika

Informationen

Ort: Kvalvika, Lofoten

Höhendifferenz: 430 Meter

Entfernung: 4 km

Dauer: 2 Stunden

Der Strand von Kvalvika ist einer der schönsten Strände der Lofoten, den wir gesehen haben. Man erreicht ihn nur über den kinderleichten Wanderweg, der – drei Kilometer vom Dorf Fredvang entfernt – von einem kleinen Parkplatz aus am Torsfjorden entlangführt. Vierzig Minuten schnurgerader Aufstieg bis zum Berg Skoren, der uns den Blick auf die raue, wilde Schönheit von Kvalvika eröffnet. Von hier aus geht es weitere zwanzig Minuten hinab zu diesem goldgelben Sandstrand mit seinem kristallklaren Wasser am Ende der Welt. Bertrand ist bis zum Gipfel des Ryten (543 Meter) hinaufgeklettert, um sich an der Mitternachtsonne über dem Meer von Norwegen zu weiden. Diese Bucht, eingerahmt von hohen Steilwänden, lässt wirklich das Paradies erahnen.

Nightspot

69°53'45.0"N | 21°11'18.1"E

Lyngenalpen

Hier ein versteckter Winkel als Geheimtipp! Auf den östlichen Höhen des Lyngenfjord und durch einen mächtigen Felsen vor der Straße geschützt haben wir unseren Bus mit Ausblick auf die Lyngenalpen abgestellt. Wildblumen, ein knisterndes Lagerfeuer und verschneite Gipfel, die sich im glitzernden Gewässer des Fjords spiegeln: Was will man mehr?

Mitternachtssonne – der Tagesrhythmus gerät aus dem Takt

Auf den ersten Blick ruft dieses konstante Tageslicht ein echtes Staunen hervor. Endlose Sonnenuntergänge – der rote Sonnenball schwebt über den Wellen, ohne je ganz hinter dem Horizont zu verschwinden. Ja, das hat uns erstaunt, gleichzeitig ist uns aber bewusst geworden, dass uns die Sonne noch lieber ist, wenn sie auch verschwindet. Kein Gefühl dieser Welt gleicht dem, wie es ist, wenn die Sonne untergeht, wir aber wissen um ihre ständige Wiederkehr. Wir vermissen dieses Gefühl. Die permanente Helligkeit bringt uns aus dem natürlichen Biorhythmus. Wir können kaum einschlafen und tun uns am Morgen mit dem Aufstehen schwer. Wir sehnen uns schon bald nach der dunklen Nacht, dem Mond und den Sternen.

FINNLAND

Der Norden Norwegens bereitet uns auf die Weiterreise nach Finnland vor. Die beeindruckenden Fjorde sind schon in weiter Ferne, die Straßen werden gerader und langgezogener, es geht landschaftlich in die flache Taiga über. Die ausgedehnten borealen Nadelwälder mit ihren lichten Tannen bergen eine reiche, geschützte Fauna.

Vorsicht Rentiere!, heißt es auf den endlosen, geraden Straßen Finnlands. An das Queren der Fahrbahn gewöhnt, haben die frei lebenden Tiere keine Angst vor Autos und können ganz schöne Staus verursachen.

In Finnisch-Lappland gibt es herrliche »Nightspots« in Hülle und Fülle, jedoch leider oft übervoll. Nicht etwa von Touristen, sondern von Mücken! Diese gefräßigen Insektenschwärme verfolgen uns überallhin. Um weiter im Freien zu sein und uns nicht die Abende am Lagerfeuer verderben zu lassen, rüsten wir uns entsprechend aus: dicke Hosen, geschlossenes, festes Schuhwerk, Handschuhe, ätherisches Öl und vor allem die berühmte Moskitonetz-Kappe. Dieses Outdoor-Accessoire, das einen nicht unbedingt besser aussehen lässt, erweist sich wirklich als sehr praktisch.

Wir ziehen von einem Nightspot zum anderen. Alles ist ruhig und zugleich unberührt. Wir spüren eine gewisse Verbundenheit mit der Natur und merken einmal mehr, dass hier nichts überflüssig ist. Jedes Tier, jede Pflanze spielt eine Rolle und hat einen Sinn. Wir tauchen in diese Harmonie ein und hoffen, dass wir an diesem Urschema teilhaben können. Das Lichtspektrum der Mitternachtssonne ist grandios und unsere »Abendessen mit Ausblick« können mit sämtlichen Sterne-Restaurants dieser Welt mithalten.

Lappland-Biwak

Wir verbringen vier Tage in den Weiten von Finnisch-Lappland, um in die Schönheit seiner Landschaften einzutauchen und seine Fische und Wildfrüchte zu probieren! Bei dieser Gelegenheit nehmen wir ein finnisches Paar bei uns auf – Roope und Anna.

Auf ihren Tipp hin gehen wir an den Wegesrändern »Lakka« sammeln. Die Moltebeeren (die wie gelbe Brombeeren aussehen) kommen sehr selten vor und sind bei den Einheimischen hochbegehrt. Wir finden rein zufällig ein orange leuchtendes Moor; es ist von einem ganzen Teppich voller kostbarer Beeren überzogen. Selbst Roope und Anna haben nie so viele auf einmal gesehen! Mit Moskitonetz-Kappe und festem Schuhwerk sind wir gut gewappnet, um uns in den Schlamm zu stürzen und diese bernsteinfarbenen, cremigen und leicht bittersüßen Beeren zu ernten, die Skandinavier und Finnen so gerne essen.

Wir pflücken drei ganze Schachteln von dieser seltenen Nascherei, aber uns fehlt das Hauptgericht. Roope, ein begeisterter Hobbyangler, hat hierfür das notwendige Equipment: Angelruten, Köder jeder Art, Messer, wasserdichte Kleidung und ein Schlauchboot. Bertrand folgt gerne seinen Tipps, um einen passenden Stock zu finden, den Roope dann mit der Spitze seines Messers zurechtschnitzt. Wir gehen also vier Tage lang gemeinsam fischen und wenden dabei Roopes bewährte Fangmethoden an. Die Bilanz: drei Angelschnüre gerissen (mea culpa!), Anna mit null Beute, Bertrand mit einem Hecht, Roope mit zahlreichen Barschen!

In den Wäldern gibt es so vieles zu sehen und zu machen. Wir begegnen nahezu zahmen Rentieren, bewundern die Formen und Farben der Wildpilze und erkunden die Wildbäche mit dem Raftingboot!

Wir finden einen Stellplatz »mit Ausblick« nach dem anderen: Flüsse, Seen, Nadelwälder, Regenbögen und Mitternachtssonne… Aber der Reiz eines sicheren Nachtlagers beruht hauptsächlich auf seiner Feuerstelle. Die munter flackernden Flammen erwärmen unser Herz und halten unsere Körper warm, trocknen unsere Kleidung, braten unsere Würste und Fische und halten selbst ganze Heerscharen von Mücken fern.

Zwar erschöpfen sich Annas finnische Lebensweisheiten mit der Zeit, aber von »MacGyver« Roope haben wir ein paar sehr praktische Tricks gelernt, die uns auf der weiteren Reise nützlich sein werden.

Kala keittö

Zutaten

6 Barsche

6 Kartoffeln

1 Süßkartoffel

2 Frühlingszwiebeln

einige Zweige frischer Dill

¼ Ingwerwurzel

1 Gemüse-Brühwürfel

Wasser in einem großen Topf zum Kochen bringen.
Die Fische ausnehmen und schuppen.
Kartoffeln und Süßkartoffel in grobe Stücke schneiden.
Die Zwiebeln in Scheiben und den Dill fein schneiden.
Den Ingwer klein würfeln.
Sobald das Wasser kocht, den Gemüse-Brühwürfel hineinkrümeln und die Kartoffeln und Süßkartoffel dazugeben.
10 Minuten später die Zwiebel, den Dill und den Ingwer hinzufügen.
Nach weiteren 5 Minuten die ganzen Fische mit dem Kopf voran in die Suppe geben, sodass das Schwanzende nicht mehr herausragt.
Das Ganze 20 Minuten garen lassen – und fertig!

Nicht bewegen, nicht sprechen!

So lautet die Goldene Regel der von Era Eero angebotenen Waldexkursionen. Zwanzig Kilometer von der Stadt Lieksa entfernt, begeben wir uns in die Wälder, um bis zur gebuchten Hütte zu gelangen – er ist hier der Chef. Die aus dicken Baumstämmen gezimmerte Blockhütte hat nur wenige Fenster und das dämmrige Licht macht es drinnen gemütlich.

Eero spricht kein Englisch, aber sein Lächeln und sein wohlwollender Blick strahlen große Liebenswürdigkeit aus. Bald schon werden wir uns in einer dieser Waldhütten einnisten, in der wir die Goldene Regel beachten werden: nicht sprechen, nicht bewegen. Wir müssen uns unsichtbar machen.

Gesagt, getan! Von 16.30 bis 8 Uhr des darauffolgenden Tages bewegen wir uns nur noch in Zeitlupe und flüstern miteinander. In der kleinen, nur drei Quadratmeter großen Hütte befinden sich ein winziges Bett, Kompostklos, Decken und vier schmale Fenster, die das Panorama auf die Lichtung freigeben. Unter den Fenstern sind stoffverhangene Öffnungen zur Tarnung der Kamera. Eero verstreut auf der Lichtung einige Stückchen Fleisch, überreicht uns noch den Nachtproviant und lässt uns dann allein. Es kehrt Stille ein. Wind, knisterndes Holz, Geräusche von nicht erkennbaren Tieren. Wir hocken auf der Lauer. Ein erster Gast fährt seine Krallen aus und schnappt sich viel zu viel Futter, sodass es kaum in sein Maul passt. Der Vielfraß wird seinem Namen mehr als gerecht. Die ganze Nacht hindurch kommen und gehen seine Artgenossen – alleine oder in der Gruppe. Sie suchen, kratzen am Boden, klettern, fressen, spielen und zanken sich. Der Auslöser von Bertrands Kamera ist laut, manchmal halten die Vielfraße wie erstarrt inne und fixieren die Hütte. Sie sind in Freiheit, wir im Käfig. Es ist offiziell verboten, die Hütte zu verlassen, denn der Wald beherbergt auch Wölfe und Bären, die wir leider nicht zu Gesicht bekommen.

Das war ein unvergessliches Erlebnis! Sich so lange ohne Sprechen zu beschäftigen, ist keine leichte Aufgabe, noch dazu in einem so beengten Raum. Einen Happen Sandwich, bei abnehmendem Licht einige Buchseiten schmökern, den Reiseblog schreiben, einen Schluck Tee (aber nicht zu viel, um nicht als Erster aufs Klo zu müssen), viele Fotos und Nachtwache schieben von 11 Uhr abends bis 8 Uhr früh mit minimalen Ruhezeiten. Wenn der andere gerade schläft und man alleine

am Ausguck gegen das Einschlafen ankämpft, schießen einem tausend Gedanken durch den Kopf. Wir haben sogar Halluzinationen gehabt ...

Um 8 Uhr kommt Eero und überreicht uns Wildbeobachterzertifikate. Immer noch taub in den Gliedern bedanken wir uns und verlassen diese herrliche Waldwildnis.

www.eraeero.com

Lässiges Vagabundieren

Im Van ist das Leben leichter, aber auch schlichter. Der Lebensraum ist begrenzt, das Material beschränkt, die Auswahl an Kleidern reduziert.

Wir gehören nicht zu den Leuten, die generell keinen großen Wert auf Äußerlichkeiten legen, aber bei einem Roadtrip hat anderes Vorrang:

1. ausreichend Trinkwasservorrat dabei haben,
2. Essen zubereiten,
3. einen Pinkelplatz finden,
4. den Van am Übernachtungsplatz ebenerdig abstellen.

Der Eitelkeit ist nur wenig Spielraum gegeben. Wir waschen nicht so häufig, also tragen wir die Sachen so lange es geht und ziehen oft dasselbe an. Das Einzige, was uns morgens beim Anziehen zögern lässt, ist der Wetterbericht. Bertrand hat aufgehört, sich zu rasieren, und ich schminke mich nicht mehr. Wir finden Gefallen an dieser natürlichen Lebensart und sorglosen Grundstimmung. Werden wir nach unserer Rückkehr noch das Gleiche sagen?

Baltikum

Estland, 700 km, 4 Tage
Lettland, 800 km, 3 Tage
Litauen, 900 km, 5 Tage

Tallinn
ESTLAND
Nationalpark
Karula (141)
Ein Abend
in der Jurte
(154)
Riga
LETTLAND
Magischer Most à la Magritte (156)
LITAUEN
Vilnius

ESTLAND

Die drei baltischen Länder markieren den Übergang von Skandinavien nach Osteuropa. Estlands Sprache und Kultur schlagen dabei aufgrund seiner Lage eine Brücke nach Finnland und Skandinavien. Der Abschied mit Weiterfahrt nach Estland erweist sich deshalb nicht als Bruch.

Hier ist alles flach. Sogar der Peipussee, fünftgrößter See Europas, ist an keiner Stelle tiefer als 15 Meter! Diese endlosen Horizonte liegen in den Augen Bertrands zu tief – er hat Mühe, einen guten Standpunkt für ein schönes Panoramabild zu finden. Kein Vergleich zu den gigantischen Fjorden Norwegens, die wir schon weit hinter uns gelassen haben! Indes wartet Estland mit vielen herrlichen Naturschutzgebieten auf wie etwa den Nationalparks Lahemaa und Karula: tiefe Wälder, Seen, Flüsse, Buchten mit feinem Sand, historische Stätten und Tiere in freier Wildnis – von alldem ist etwas geboten.

Wir lassen uns von den Großbuchstaben »RMK« auf kleinen hölzernen Wegweisern leiten, die kostenlose Campingplätze anzeigen, mit Annehmlichkeiten wie windgeschützten Tischen im Freien, angelegten Lagerfeuerstellen, Holzscheitevorräten und Kompostklos. Neben den Infotafeln zu Fauna und Flora der Umgebung, stößt man nicht selten auf eine Kunstinstallation mitten im Gehölz: Riesige Megafone von Birgit Õigus, die den Klang des Waldes verstärken, ziehen uns in ihren Bann.

Auf den Straßen stoßen wir auf alte Gehöfte aus grob gehauenem Stein, Liliputhäuser mit pastellfarben gestrichenen Holzfassaden und triste, baufällige Behausungen. Estland zeichnet sich durch das ungleiche Nebeneinander von historischen Bauten und moderner Architektur aus. Wir haben keine »typisch estnische« Siedlung gefunden. Aber jedes Haus hat einen makellos gepflegten, grünen und kurz geschorenen Rasen!

Nightspot

57°41'06.1"N | 26°21'03.4"E

Nationalpark Karula

Sonnenuntergang über dem See, fette Fischbeute, Campingplatz-Annehmlichkeiten (Tische, Feuerstellen, Toiletten) – dieser Stellplatz mitten im Nationalpark Karula ist ein perfekter Zwischenstopp für die Nacht oder – falls erwünscht – auch länger!

Drive your Adventure
CALIFORNIA
weVan
EB-540-RO

»Wie geht ihr aufs Klo?«

Das ist eine häufig wiederkehrende Frage, wenn wir neue Bekanntschaften machen. Kein WC im Bus, besser geht's nicht! Wir wollten damit nicht zusätzlich den Raum vollstellen, ganz zu schweigen von einer schadstoffbelasteten Chemie-Toilette. Also dann – zurück zu den Ursprüngen: kleine und große Geschäfte in der Wildnis verrichten!

Ersteres ist für Bertrand supereinfach, denn für ihn ist das »Pinkeln mit Aussicht« ein echtes Vergnügen. Für mich ist das schon weniger lustig, zumal wenn kein Baum oder Gestrüpp Sichtschutz bietet. Vor unserer Abreise sagte ein Freund zu mir: »Nicht nur ein schöner Rücken, auch ein schöner Po kann entzücken.« Das sage ich mir immer wieder vor.

Beim großen Geschäft hingegen wird es eher schwierig. Das erfordert nämlich einen ruhigen, abgeschiedenen und versteckten Winkel. Die ersten paar Male ist die Suche mühsam, aber man gewöhnt sich daran und wird schneller im Aufspüren eines passenden stillen Örtchens. Unser Klopapier werfen wir natürlich immer in den Mülleimer oder ins Feuer, um den Wald nicht in einen großen Abort zu verwandeln.

In den städtischeren Gebieten suchen wir in der Regel ein öffentliches WC auf oder kehren auf ein Glas in eine Kneipe ein, um dort das WC benutzen zu können.

Kontakte mit Einheimischen

Mit Estländern Kontakte zu knüpfen, ist schwieriger als wir dachten. Nicht, dass *sie* nicht gastfreundlich oder *wir* nicht sympathisch genug wären, sondern eher aus Zeitmangel. 25 Länder in sechs Monaten bereisen, das ist nämlich eine straffe Agenda. Teilweise verweilen wir nicht länger als drei Tage in einem Land, und in Anbetracht der langen Fahrstrecken bleibt uns nicht genügend Zeit, echte Beziehungen aufzubauen. Wir bedauern das, aber das gehört eben auch zu einem Roadtrip. Zwar werden einige Worte gewechselt, ein Lächeln da und dort, aber nicht genug, um die Begegnung zu vertiefen oder in die Lebenskultur der anderen einzutauchen. Dagegen scheinen uns die gemeinsamen Erlebnismomente – sofern wir einmal doch mehr Zeit haben, festere Bande zu knüpfen – umso intensiver, und die wohlwollende und einfache Art der Estländer berührt uns sehr.

LETTLAND

Lettland ist das »russischste« aller Länder des Baltikums. Seine Unabhängigkeit hat es erst 1991 erlangt, die vom Sowjetregime hinterlassenen Spuren sind allgegenwärtig. Die in der Sowjetzeit angesiedelten Russen und ihre Nachkommen, also zwölf Prozent der Bevölkerung Lettlands, sind heute noch »Nichtbürger«.

Unterwegs auf den lettischen Straßen fallen uns jede Menge verlassene Gebäude auf. Gehöfte, Häuser, Kasernen und Wohnblöcke erinnern an die schwere Vergangenheit des Landes, in das immer wieder einmarschiert bzw. das mehrmals besetzt wurde. Diese tristen Landschaften sind voll von spürbaren schmerzlichen Erinnerungen und Melancholie. Auch wir werden davon erfasst. Aber das hat nicht nur mit der gedämpften Atmosphäre zu tun: uns hat der erste Durchhänger auf unserem Roadtrip erwischt.

Dieser Anfall von Schwermut verschwindet mit dem Besuch der Höhlen von Sigulda (deutsch: Segewold) am Ufer der Gauja und als wir uns zu den mit 270 Metern größten Wasserfällen Europas von Ventas Rumba (»Windauer Rummel«) in Kuldīga und zum Weinfest beim Ort Sabile aufmachen, wo sich der nördlichste Weinberg der Welt befindet. Lettland ist alles andere als düster. Die Letten sind fröhlich, heiter, feierlustig, voller Folklore und sehr gastfreundlich!

Am Kap Kolka, dort wo der Golf von Riga und die Ostsee aufeinander treffen, schöpfen wir neue Kraft mit Blick auf sich träge wiegende Wellen bei ungewöhnlichem Licht. Wie in den weißen Nächten Norwegens ist es hier auch eine grelle Helligkeit aus einer kaum definierbaren Lichtquelle. Ein baltisches Licht. Ein lettisches Licht.

Konflikte

Bertrand ist absolut liebenswert, ich bin kompromissbereit, und beide mögen wir keine Konflikte. Aber manchmal, wie heute, kommt es auch zu heftigen Auseinandersetzungen. Es ist nicht einfach, rund um die Uhr und Tag für Tag mit seinem Partner in einem so beengten Raum zusammenzuleben. Wir streiten uns darum, was man fotografieren sollte und was nicht. Bertrand, der Künstler, setzt auf Qualität und sieht nicht ein, warum er eine, wie er meint, »unnütze« Aufnahme machen sollte. Ich, die Übereifrige, möchte »lieber zu viel als zu wenig«, und mir ist es nur recht, ein paar Fotos mehr zu speichern, denn so haben wir anschließend wenigstens die Wahl. Es ermüdet mich, ihn immer wieder zu mehr anzutreiben. Ihn wiederum nervt es, unschöpferische Bilder zu machen. Es staut sich Ärger auf beiden Seiten an. Unser Ton wird schärfer. Dann redet keiner mehr ein Wort. Für eine Weile herrscht Funkstille. Wir halten vor einem verlassenen Gebäude, das wir ohne den leisesten Wortwechsel besichtigen und fotografieren.
Unsere Blicke weichen sich gegenseitig aus, unsere Körper bewegen sich aneinander vorbei. Bevor er sich wieder ans Lenkrad setzt, bitte ich ihn um Versöhnung. Ohne zu antworten, nimmt mich Bertrand in seine Arme und drückt mich ganz lange. Alles ist wieder gut! Wir haben uns wegen Nichtigkeiten gestritten, das wissen wir nur zu gut, also Schwamm drüber ... zum Glück!

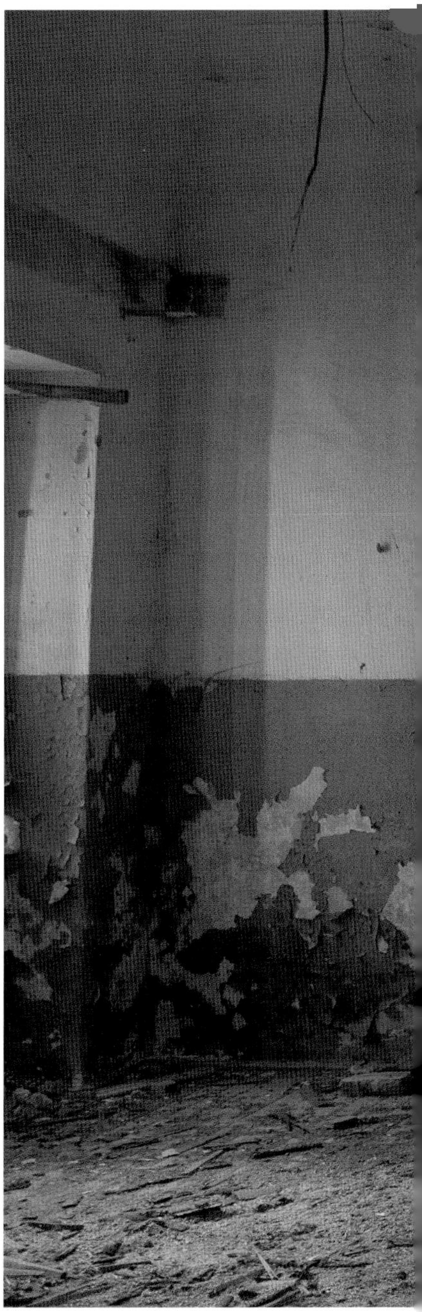

Musik und Stille

Sechs Wochen lang mit dem Van unterwegs sein, das heißt, sich auf lange Straßenkilometer einstellen. Das stundenlange Fahren wird fast schon zur Routine und ermüdet uns nicht mehr so sehr wie zu Beginn. Diese langen Wegstrecken auszufüllen, ist schon eine andere Sache. Wenn man rund um die Uhr und Tag für Tag zusammenlebt, gehen einem bald die Gesprächsthemen aus. So verfallen wir während der langen Etappen oft in Schweigen. In diesen Momenten ist die Playlist von entscheidender Bedeutung. Zwar sind wir mit über 7000 Songtiteln losgefahren, aber mit unseren gespeicherten Playlists sind wir schneller durch als gedacht. Manchmal versuchen wir es mit Lokalsendern, um landestypische Musik zu hören und uns über Sprachen und Akzente zu amüsieren, die wir nicht verstehen, aber die aufdringliche Radiowerbung geht uns schon bald auf den Geist. Wir spielen wieder unsere eigene Musik. Manchmal summen wir auch mit, liefern uns ein ohrenbetäubendes Karaoke oder wippen auf den Sitzen auf und ab, als tanzten wir. Die willkürliche Auswahl der Songs wirkt mal beflügelnd, mal bewegend oder beruhigend. Ein Lied erinnert uns an einen bestimmten Moment, eine Melodie an eine bestimmte Person. Und wenn wieder Stille einkehrt und nur noch das Motorengebrumm zu hören ist, sättigen wir uns an dem, was uns gerade umgibt: die Straße, die sich vor uns abzeichnet, die Landschaft, die sie einrahmt, der Himmel, unter dem sie aufleuchtet, das Vergnügen, unterwegs zu sein. Alles ist möglich – selbst ohne Worte.

Ein Abend in der Jurte

Wir entdecken dieses ungewöhnliche Zelt am Kap Kolka, während wir den Sonnenuntergang bewundern. Wie es so auf der Lichtung eines Kiefernwaldes aufgeschlagen dasteht, mit Blick auf das Meer, macht uns sein großes weißes Leinendach neugierig. Als wir uns nähern, stellen wir fest, dass seine Besitzer unsere Sprache sprechen. Nach einem kurzen Wortwechsel werden wir zu einem Kräutertee mit Honig eingeladen, mitten in dieser originellen »Tipi-Jurte«, so nennen Guillaume und Marianne ihren Unterschlupf. Sie erzählen, dass sie Zelt und Auto für eine Weile in Lettland zurückgelassen haben, um ihre Abenteuerreise mit der Transsibirischen Eisenbahn bis in die Mongolei fortzusetzen. Atiloé, ihre anderthalbjährige Tochter, ist mit dabei und scheint sich hervorragend an dieses Nomadenleben voller Zufallsbegegnungen angepasst zu haben.

Das Zelt ist geräumig und bequem, und das sogar für vier Erwachsene und ein Kleinkind. Interessiert lauschen wir ihren Geschichten über das, was sie in Russland und in der Mongolei erlebt haben, und bewundern ihre Rucksackreise mit einem so kleinen Kind. Alles andere als eine Last, erwies sich Atiloé aber oft als ihr »Joker«. Ihre großen blauen Augen und ihr engelhaftes Blondschöpfchen verfehlten bei den Einheimischen ihre Wirkung nicht. Der halb offene Eingang der Jurte erlaubt einen zauberhaften Blick auf das Meer und die rötlich schimmernde Abendsonne.

Mariannes Kräutertee aus frisch gepflückten, getrockneten Waldfrüchten ist eine Wonne, und der Honig des Altai-Gebirges verleiht ihm die schönste Süße. Wir genießen diesen kostbaren Augenblick – eine anregende Begegnung mit kulinarischem Genuss.

Magischer Most à la Magritte

Maris Plūme trägt Melone, die durch einen Nippel in der Mitte der Kopfbedeckung noch auffälliger wirkt und an einen Apfel erinnert. Unter der Krempe lugt Maris, Jungwinzer für lettischen Apfelwein, mit kommunikativem Lächeln hervor. Sein Apfelwein ist genauso originell wie sein Hut, allerdings perlt er nicht. Maris trampte bis in die Normandie, um die Herstellungsmethode des französischen *Cidre* zu erlernen. Zwei Monate später fuhr er per Anhalter weiter zur Besichtigung der niederösterreichischen Mostereien. Seine Lebenspartnerin Dace reiste ihm hinterher und so erlernten sie beide eine neue Technik für die alkoholische Vergärung von Äpfeln. Nach ihrer Rückkehr in die Heimat kreierten sie »Mr Plūme«. Die Etikettengestaltung variiert je nach den drei Geschmacksstufen: auf dem trockenen Most ist ein Kopfputz abgebildet, der an die von Maris zurückgelegten Kilometer erinnert; auf dem halbtrockenen ziert der Magritte-Hut schlicht einen Apfelkopf; und bei der lieblichen Version wird die Melone von einer gefräßigen Schlange umschlungen, was natürlich auf Evas Apfel der Verführung anspielt.
Die Etiketten sind optisch den surrealistischen Werken von René Magritte nachempfunden. Also kein Allerweltsapfel! Und der Apfelwein ist echt lettisch! Wer Maris und Dace kennenlernen möchte: Ihr Landgut befindet sich in Jumprava im Bezirk Lielvārdes Novads – wir empfehlen unseren Favoriten, den süßlichen Apfelwein!

Facebook : www.facebook.com/Jumpravassidrs

LITAUEN

Das größte der baltischen Länder, das am dichtesten besiedelte und touristischste, ist zweifellos Litauen! Weitläufige Landschaften, Seebäder, Vilnius, die Hauptstadt des Bernsteins, Kurorte, historische Stätten und tiefer christlicher Glaube – all das ist auf der Entdeckungsreise durch litauische Gefilde geboten.

Unser erster Halt in Litauen ist der berühmte »Berg der Kreuze«. Es sind so viele Kreuze, dass sich jeder Zählversuch erübrigt. Einige Zentimeter bis zu mehreren Metern hoch, aus Holz oder aus Metall, schlicht oder verziert, stapeln sie sich seit 700 Jahren übereinander. Während wir durch den Kruzifixwald schlendern, findet an diesem Wallfahrtsort ein sehr traditioneller Gottesdienst statt. Bertrand ist Atheist, ich bin Agnostikerin – wir respektieren natürlich jede Religion, aber eine so starke Inbrunst erinnert uns daran, dass wir nicht die gleichen Weltanschauungen haben.

Nachdem wir ausgemachte Landratten und nicht so sehr Stadtmenschen sind, meiden wir das große Seebad Palanga und suchen Zuflucht auf dem Kurischen Haff. Ein fast hundert Kilometer langer Landstreifen mit feinen Sanddünen und Kiefernwald trennt die Ostsee vom Kurischen Haff und markiert damit die Grenze zwischen Litauen und der russischen Enklave Kaliningrad. Auf dem Programm stehen frische Luft und Radtouren!

Die litauischen Küsten bergen einen kostbaren Schatz. In Millionen Jahre alten, fossilen Baumharzklumpen wurden nämlich Insekten eingeschlossen. Und bis heute schwemmen die Brandungswellen die zerkleinerten, honigfarbenen Pinienharzstückchen an Land, die wir als »Bernstein« bezeichnen. Wir wollen unbedingt dieses »Gold des Nordens« finden, zumal Bernstein mein Lieblingsedelstein ist. Also ran an die Arbeit, Bertrand! Wir bücken uns, graben in den Algen, orientieren uns an Mitsuchenden, kratzen im Sand, sortieren die Kieselsteine und ja, es ist kein Mythos, das karamellfarbene Gold ist in greifbarer Nähe. Nördlich von Klaipėda haben wir zehn Bruchstücke in weniger als einer Stunde gefunden. Für ein erstes Mal eine gute Ausbeute!

EB-540-RQ

Vagabundieren macht sesshaft

Es ist lustig, wie der Roadtrip auf europäischen Straßen unseren Beobachtungssinn schärft. Unser Blick ist das wichtigste Werkzeug dieser Reise. Unsere Augen heften sich auf die Landschaften, die Straßen, die Farben, die Lichter, die Tiere, die Vegetation, die Häuser, die uns umgeben. Wir sehen Häuser in allen möglichen Formen, Baustilen und aus allen Epochen. Ohne uns laut darüber zu äußern, legen wir uns eine heimliche Liste unserer Highlights an und stellen uns das Haus vor, dass wir nach unserer Rückkehr einmal haben könnten. Fassaden mit unregelmäßigen Steinen oder bunte Holzfassaden, ein Strohdach oder ein Gründach? Die Geometrie eines Architektenhauses oder die Schönheit eines alten Gehöfts; eine Terrasse oder ein Panoramafenster; ein Trampolin oder eine Schaukel im Garten; ein Gemüsegarten oder einen Hühnerstall, eine Sauna oder einen Whirlpool...? Diese Fragen finden wir spaßig, denn sie sind völlig abgekoppelt von dem Nomadenleben, das wir derzeit führen. Allerdings können wir – selbst am anderen Ende des Kontinents – das Nachdenken über unsere Lebensentwürfe für die Zeit nach unserer Rückkehr nicht ganz einstellen. Dieses Haus, das wir im Geiste schon bauen, wird vielleicht unser nächstes großes Projekt sein, und es wird aus dem entstehen, was wir jetzt auf unserem Roadtrip durch Europa sehen und erleben.

Natürliche Heil- und Hausmittel

Hier nun die Fortsetzung unserer Tipps – mit natürlichen Produkten und Präparaten.

Was in der Reiseapotheke nicht fehlen sollte:

– Ätherisches Ravintsaraöl: stärkt die Immunabwehr, wirkt antiviral und entzündungshemmend. Alle Anwendungsbereiche sind erlaubt. Dreimal täglich einige Tropfen auf einen Löffel mit Honig geben; bei leichten Erschöpfungszuständen und zur Stärkung der körperlichen Abwehrkräfte.

– Ätherisches Teebaumöl: antiseptisch (desinfiziert offene Wunden), entzündungshemmend, lindert den Juckreiz bei Insektenstichen und Sonnenbrand, gut gegen Zahnschmerzen, hilft beim Austrocknen von Herpesbläschen. Alle Anwendungsbereiche sind erlaubt.

– Ätherisches Speik-Lavendelöl: beschleunigt den Wundverschluss, speziell bei Brandwunden, lindert den Juckreiz, neutralisiert Gift. Kann auf die Haut aufgetragen oder inhaliert werden.

– Ätherisches Zitronengrasöl: kann als insektenabschreckendes Mittel in Verbindung mit Zitronen-Eukalyptus eingesetzt werden (einige Tropfen z. B. auf ein Stövchen mit Kerze träufeln, etwas Öl auf die Handgelenke, den Nacken und das Fußgelenk auftragen).

– Ätherisches Eukalyptus-Zitronen-Öl: Mückenschutz, entzündungshemmend und schmerzlindernd (bei Gelenkentzündungen, Muskelschmerzen, Ischiasnerventzündung, Sehnenentzündung). Kann auf die Haut aufgetragen oder inhaliert werden.

– Ätherisches Immortellenöl: bei stumpfen Verletzungen, Prellungen und blauen Flecken, krampflösend, schmerzlindernd und entzündungshemmend. Kann auf die Haut aufgetragen werden. Achtung: Das Immortellenöl ist teuer und selten – sparsam anwenden!

– Ätherisches Wintergrünöl (Gaultheria procumbens): entzündungshemmend, zur Behandlung von Rheuma- und Gelenkschmerzen, erwärmt gezielt die Muskulatur (nach großer sportlicher Anstrengung anwenden, um Muskelkater zu vermeiden), heilt Verletzungen und Wunden, lindert Husten. ACHTUNG: nicht pur auf die Haut auftragen, sondern zu 25 % mit Pflanzenöl (Oliven-, Kokos- oder Avocadoöl) verdünnen.

– Tropisches Basilikum (ätherisches Bio-Öl): bei Menstruationsschmerzen und Verdauungsstörungen; stimuliert das Nervensystem. ACHTUNG: nicht pur auf die Haut auftragen, sondern zu 20 % mit einem Pflanzenöl (Oliven-, Kokos- oder Avocadoöl) verdünnen. Sehr lichtempfindlich; nach dem Auftragen direkte Sonneneinstrahlung vermeiden.

– Ein paar Gewürznelken bei Zahnschmerzen: auf dem schmerzenden Zahn zerkauen oder als Tee trinken.

– Natron: bei Sodbrennen einen Löffel voll auf nüchternen Magen.

Im Osten Europas

Polen, 1200 km, 7 Tage

Slowakei, 300 km, 4 Tage

Ungarn, 400 km, 2 Tage

Rumänien, 1600 km, 11 Tage

Bulgarien, 1100 km, 4 Tage

POLEN
Warschau
Für ein Wochenende adoptiert (170)
Kluski (176)
Goral & Lángos (186)
Die »Globe Roaders« (182)
SLOWAKEI
Pfefferminztee (190)
Suchá
Belá (191)
Bratislava
Budapest
UNGARN
RUMÄNIEN
Ciorbă (198)
Bauernhof in Banpotoc (199)
Transfogarascher
Hochstraße (198)
Bukarest
Krapets (214)
Prohodna-Höhle
(215)
1. Rave-Party (210)
BULGARIEN
Sofia
EB-540-RD

POLEN

Wir verlassen das Baltikum, um uns weiter nach Osteuropa vorzuarbeiten. Das erste Land, das wir durchqueren, ist Polen. Unser Routenverlauf richtet sich nach den Begegnungen mit Einheimischen und deren Geheimtipps.

Sengende Sonne. Es ist heiß. Das Thermometer zeigt über 30 Grad Celsius an. Für uns eine echte Premiere seit Beginn dieses Roadtrips. Nachts ist ab sofort das dünne Laken völlig ausreichend. Die Fenster bleiben geöffnet und wir lassen uns von einer leichten Brise in den Schlaf wiegen. Könnte es also das sein, was wir gemeinhin als »Sommer« bezeichnen? Ja, unser Sommer beginnt am 5. August mitten in Polen.

Es ist großartig, die landschaftliche Vielfalt Polens unter strahlend blauem Himmel zu entdecken, denn es mangelt hier nicht an Naturschätzen: das pittoreske Karstgebiet rund um Krakau, das Salzbergwerk Wieliczka, die Błędów-Wüste, auch Polnische Sahara genannt, der Nationalpark Ojców, die Salzviertel von Kattowitz oder das grandiose Bergmassiv der Hohen Tatra. Uns erstaunt die derart große Vielfalt.

Die Polen sind überaus großzügig und gastfreundlich. Wir machen eine ganze Reihe von Zufallsbekanntschaften und folgen Empfehlungen und Geheimtipps für gute Adressen. Im gemeinsam erlebten Alltag stellen wir fest, dass die Polen einem ziemlich ähnlichen Essensrhythmus folgen, wie wir ihn uns zugelegt haben. Nach dem Frühstück gibt es fast nichts zum Mittagessen, denn das Abendessen ist (sehr) reichlich, und es wird schon um 16 Uhr eingenommen. Gegen 22 Uhr kommt noch ein kleines Abendbrot mit einem Wodka hinzu, der gut für die Verdauung ist. Und doch leben wir, ohne es zu wissen, näher am hiesigen Biorhythmus, denn im Van halten wir uns nicht mehr an die üblichen Essenszeiten. Wir kochen nur, wenn der Magen knurrt, und selten ist das vor 16 Uhr. Bleibt uns nur noch, den Kräutertee am Abend gegen Wodka einzutauschen, um ganz und gar polnisch zu sein!

966 - 2016

Für ein Wochenende adoptiert

Im Nationalpark Ojców westlich von Krakau haben wir uns an die »Quelle der ewigen Liebe« verirrt; dort stoßen wir auf eine Gruppe junger Franzosen, die das angeblich heilende Wasser mit besagter Wirkung trinken. Marie, Matthieu, Marc und Félix kommen jedes Jahr in dieses kleine Dörfchen, um mit ihrer polnischen Familie einige Zeit zu verbringen. Kaum haben wir ein paar Worte gewechselt, werden wir auch schon von ihrer Großmutter zu Tisch gebeten, und wir teilen Brot, Käse, Wurst und Bier mit Eltern, Freunden, Onkeln, Cousins und Cousinen – ein schöner Abend, an dem viel gelacht und angeregt geplaudert wird. Es wird französisch, polnisch und englisch gesprochen ... ein fröhlicher Schmelztiegel herzlicher Geselligkeit.

Wir verbringen dort das ganze Wochenende und lassen uns von unserer improvisierten Familie umhegen. Morgens joggen, dann zwischen den von der polnischen Oma kredenzten Mahlzeiten Karten und Badminton spielen. Wir lernen, dass »nein« nicht als Antwort gilt, wenn sie uns zum zehnten Mal am Tag etwas anbietet. Aber wer hätte schon etwas dagegen? Alles schmeckt lecker! Beim Abschied drückt mich die Großmutter neben mir ganz fest und sagt auf Polnisch: »Frankreich und Polen müssen gute Beziehungen pflegen, das ist wichtig.« Ihre Augen sind feucht, und ich versuche ihr, so gut ich kann, meine Zuneigung und tiefe Dankbarkeit zu zeigen.

Vielleicht ist diese Begegnung passiert, weil wir Heimweh hatten, vielleicht brauchten wir eine kleine Auszeit oder wir vermissten in diesem Moment unsere Verwandten zu Hause. Wie dem auch sei, diese zwei Tage in der »Familie« haben uns wahnsinnig gutgetan. Eine echte Verschnaufpause mitten im Roadtrip. Zwei entrückte Tage, eine goldwerte Begegnung, reinstes Glück! An Ojców, seinen Sternenhimmel und die Familie Rolin-Bosak werden wir noch oft zurückdenken.

Welcome

Einen frischen Blick bewahren

Diese Reise ist sehr kompakt und hat ein hohes Tempo. Sechs Monate, um so viele Länder kennenzulernen, wöchentlich in eine andere Sprache zu wechseln, Begegnungen anzuhäufen, sich für neue Spezialitäten zu interessieren, jeden Tag so viele Landschaften zu bewundern – ja, das ist echt schnell! Manchmal möchten wir unsere Etappen in einzelnen Ländern vertiefen, aber wir müssen weiter, um die Routenplanung einzuhalten und rechtzeitig wieder nach Frankreich zurückzukehren. Wir speichern so viele Bilder, Gesichter, Gerüche und Erinnerungen, dass wir fast zu kritisch werden. Manchmal überraschen wir uns selbst, indem wir dieses oder jenes Panorama nicht fotografieren, denn wir haben schon »Besseres gesehen«, während die anderen Touristen sich daran ergötzen und eifrig Bilder machen. Wir wollen keine »Reise-Snobs« werden, aber es ist sehr schwierig, sich einen objektiven Blick zu bewahren, wenn alle diese Highlights, die wir schon gesehen haben, noch so frisch in unserem Gedächtnis sind. Das bedeutet nicht, dass wir vergessen, was wir gesehen und erlebt haben, wir hüten es wie einen kostbaren Schatz und versuchen, es nicht mit dem zu vergleichen, was wir gerade im Hier und Jetzt erleben. Es gilt, seine Entdeckungsfreude zu bewahren, damit das Abenteuer auch aufregend bleibt.

Materialliste

Fotoequipment
- 1 Nikon D610 + 2 Akkus
- 4 Objektive: 1 Tamron 24–70 mm F/2.8; 1 Nikkor 50 mm F/1.4; 1 Nikkor 80–200 mm F/2.8; 1 Tokina 11–16 mm F/2.8
- 1 Stativ von Manfrotto
- 1 Kameratasche von Dakine
- 1 UV-Filter von Oyama
- 1 Reinigungsset für Spiegel und Objektive
- 1 wasserdichte Olympus-Kompaktkamera
- 1 analoge Lomo-Kamera
- 3 Kodakfilme

Elektronisches Equipment
- 1 230-Volt-Trafo
- 1 MacBook Pro 13" (von 2009, aber immer noch funktionstüchtig)
- 1 Acer 11" Notebook
- 2 externe SSD-Disks 500 GB (sicherer als Standard-Harddisks)
- 20 SD-Karten 16 GB (um den Speicherinhalt sukzessive nach Hause zu schicken)
- 1 Präzisions-Schraubendreher-Set
- 1 WLAN-Station mit Zigarettenanzünder-Anschluss
- 2 Handys
- 1 TomTom Navigationsgerät
- 1 Garmin GPS

Sportequipment
- 2 Surfboards
- 2 Neoprenanzüge + Handschuhe + Surfschuhe
- 2 Paar Kletterschuhe
- 1 Slackline
- 1 Yogamatte
- 2 Paar Wanderschuhe
- 2 Skateboards

Hobby- und Freizeitausstattung
- 1 Hängematte
- 1 Mölkky-Set (finnische Kegel)
- 1 COBB-Minigrill + Spezialbriketts + natürliche Anzünder
- 2 Angelruten
- 1 Fischköderset, Angelhaken mit Schwimmer
- 1 Kartenspiel
- Tarotkarten
- 1 Dixit-Ratespiel
- 2 Taucherbrillen und Schnorchel
- 2 Poler-Schlafsäcke
- 2 Schlafbrillen
- 3 Paar Ohrstöpsel

Kluski – Schlesische Kartoffelklöße

Zutaten

6 Kartoffeln

1 Packung Kartoffelstärke

1 Ei

Wasser

Die Kartoffeln schälen und in kochendem Wasser garen.

Wenn sie fertig gegart sind, mit der Kartoffelpresse oder Gabel zerkleinern. Auskühlen lassen. Die Kartoffelmasse in eine große Schüssel geben und eine ausreichend große Vertiefung für die Kartoffelstärke eindrücken – im Mengenverhältnis ¾ Kartoffeln, ¼ Kartoffelstärke. Das Ei über der Schüssel aufschlagen und langsam untermengen. Die Masse mit den Händen wenden und kneten, um einen dicken, homogenen Teig zu formen. Fällt das Kneten zu schwer, einige Tropfen Wasser hinzufügen.

Wenn der Teig fertig ist, ein golfballgroßes Stück herauslösen und zwischen den Handflächen zu einer schönen Kugel formen. Dann leicht flachdrücken, damit sie eher wie ein Krapfen aussieht. Mit dem Zeigefinger oben eine kleine, ca. 1 cm tiefe Kuhle eindrücken. Den Vorgang wiederholen, bis der ganze Teig aufgebraucht ist.

Die Kartoffelklöße in einen Topf mit kochendem Wasser geben und mit einem Holzlöffel umrühren. Wenn sie an die Oberfläche steigen, verbleiben nur noch 5 Minuten Kochzeit. Anschließend die Knödel abseihen.

Dazu schmeckt Fleisch mit Sauce und ein Rotkohlsalat nach polnischer Art. Natürlich passen die Kluski auch zu jedem beliebigen anderen Gericht.

Ein herzliches Dankeschön an Alicja, Milena und Norbert!

SLOWAKEI

Zwischen Donauebenen und Bergmassiven sind die slowakischen Landschaften sehr kontrastreich. Hier packt uns endlich erneut die Wanderlust und wir entdecken die schönen Burgen und Glockentürme der ländlichen Slowakei.

Wie schön, wir sind wieder in den Bergen! »Des belles et hautes montagnes«, so sang Maurice Chevalier. Die Wanderungen führen nun durch steileres und felsigeres Terrain, aber das macht es ja gerade reizvoll. Das Tatra-Massiv zwischen Polen und der Slowakei ist sommers wie winters ein vielbesuchtes Reiseziel. Der Vorteil im Sommer ist, dass die kleineren Landstraßen, die im Winter wegen Schnee unbefahrbar sind, mit grandiosen Panoramen aufwarten. Unsere Ausflüge gewinnen eine neue Dimension. In den oberen Höhenlagen fühlen wir uns zugleich zwergenhaft und riesig. Zerbrechlich und unverwüstlich.

Unterwegs begegnen wir Wanderern mit zwei Armvoll Beeren, Pilzen oder Blumen. Wir wechseln ein paar Worte und versuchen, uns ihre Tipps und Geheimplätze zu merken. In den großen Weiten haben die Leute ein strahlenderes Lächeln und sind kontaktfreudiger. Wer beim Pilzesammeln nicht so geschickt ist, keine Angst – viele Slowaken verkaufen ihre Ernte am Straßenrand.

Was das Leben im Van betrifft, gibt es wohl kaum ein touristisch so wenig erschlossenes und gebirgiges Land mit verborgenen Winkeln und unverbauten Ausblicken, die Nobelhotels in nichts nachstehen. Jeden Morgen und jeden Abend genießen wir die uns gebotene Aussicht – sei es auf die schneebedeckten Gipfel der Karpaten oder die hoch oben thronende Zipser Burg (Spišský hrad).

Die »Globe Roaders«

Die »Globe Roaders« Vanessa und Guillaume sind Weltenbummler, Traveller und gute Spieler. Sie gehörten zu den 300 Crews, die an dem von We-Van initiierten großen Gewinnspiel *Drive your Adventure* teilgenommen haben. Bei Bekanntgabe der Ergebnisse haben wir ihren Kommentar gelesen: »We-Van hat uns nicht auserkoren, aber das ist nicht schlimm, wir fahren trotzdem!« Den Roadtrip hatten sie nämlich schon seit einer Weile vorbereitet. Ab dem Kauf eines Kastenwagens haben sie für den kompletten Selbstausbau bis hin zur Beantragung unbezahlten Urlaubs und der Planung der Reiseroute drei Jahre gebraucht, um abfahrbereit zu sein! In vier Monaten haben sie bereits zwölf Länder durchquert und ihrem Kilometerzähler 15 000 km hinzugefügt. Unsere Wege kreuzen sich nordöstlich der Hohen Tatra, zwölf Kilometer vor der polnischen Grenze, in Ždiar (dt. Morgenröte). Es gibt nichts Besseres als eine Bergwanderung, um sich näher kennenzulernen. Auf unserer Rückkehr finden wir einen hoch gelegenen Übernachtungsplatz. Wir tauschen Erfahrungen

aus und vergleichen die Wohnmobile – »Patrick«, der funkelnagelneue VW-Bus und »Drakkar«, Marke Eigenbau.
Die Motive auf dem Küchenvorhang sind einfach spitze, wir bewundern das ausziehbare Schneidebrett, das das Spülbecken verdeckt, und wir beneiden sie um die warme Dusche im Heck! Im Verlauf unserer Gespräche entdecken wir, dass wir ähnliche Phasen durchlebt haben: den Nervenkitzel am Anfang, der Lust macht, jeden Tag viel zu viele Dinge zu sehen und zu machen; die Anpassung an die neue Lebensform, um seinen Alltagsrhythmus zu finden, die Bewährungsprobe des ständigen Zusammenlebens; das Bedürfnis, sich mit anderen Travellern oder Einheimischen auszutauschen; das Gefühl der Freiheit ... Wir bestätigen uns immer wieder, was für ein Glück es ist, auf diese Art zu reisen und ganz Europa als Reiseziel und Wohnadresse zu haben. Auf dass sich unsere Routen noch einmal kreuzen, sei es bei diesem oder beim nächsten Roadtrip-Abenteuer!

Mariannes Salbe

Creme mit beruhigender Wirkung bei Insektenstichen, Rötungen und Juckreiz bei Akne.

Zutaten:
- eine große Handvoll Spitzwegerich-Blätter
- Olivenöl (vorzugsweise Bioqualität, kalt gepresst und extra vergine)
- Bienenwachs

Zerkleinerte Spitzwegerichblätter in ein Weckglas füllen. Mit Olivenöl bedecken.
Das Weckglas verschließen und 3 Wochen einweichen lassen. Das Olivenöl abfiltern. Die Spitzwegerichblätter gut auspressen, um das ölige Mazerat daraus zu gewinnen.
Das Bienenwachs im Mischverhältnis 1:10 mit dem Öl vermengen. In einem Topf mit Wasserbad das Bienenwachs im Öl schmelzen lassen.

Wenn die aufbereitete Masse ganz homogen ist, die Salbe durch Entnahme eines Tropfens testen. Auf einen Tellerand tupfen und kühl stellen. Ein bis zwei Minuten stehen lassen. Wenn die Textur der Salbe so passt, die Mischung von der Hitze nehmen.

Die Salbe 15 Minuten auskühlen lassen, dann einige Tropfen ätherisches Öl beigeben (am besten Lavendel wegen seiner beruhigenden Eigenschaften).

In eine Cremedose umfüllen. Die Salbe wird auskühlen und verhärten und einen intensiv grünen Farbton annehmen. Nun ist der juckreizlindernde Repair-Balsam fertig – eine echte Wohltat für die Haut! Bei Bedarf direkt auf die Haut auftragen.

Goral & Lángos

Zusammen mit unseren Freunden, den »Globe Roaders«, sind wir zu dem Dorffest »Goral« in Ždiar eingeladen. Die Einwohner feiern ihre traditionsreiche Bergkultur. Wir bewundern die Tanzaufführungen, tanzen zum Musikantentrio aus Akkordeon, Geige und Cello und probieren die Spezialitäten des Landes wie den Edel-Wodka Goral und die landestypischen Lángos!

Lángos

Ein gerösteter Hefeteigfladen aus Ungarn, auf den man Knoblauchcreme, Sauerrahm, Ketchup und Schmelzkäse streicht. Das ist deftig, schmeckt gut und ist fettreich. Fett aber bedeutet bekanntermaßen Leben!

GÓRAL
SLIVOVICA

Roadtrip-Kultur

2014 sind wir mit einem Camper quer durch Australien gefahren. Jetzt, wo wir nun schon drei Monate Roadtrip durch Europa hinter uns haben, können wir bestätigen, dass die Roadtrip-Kultur der beiden Kontinente nicht vergleichbar ist. Im Land der Kängurus gehören Van-Touren fest zur australischen Lebensart und der Nomadenalltag wird einem flächendeckend leichter gemacht: kostenlose Rastplätze mit eigenen WCs, warmen Duschen, großen Spülbecken für den Abwasch, Gasgrills und Picknicktischen. In Europa sind Nomaden lieber auf den Campingplätzen gesehen. Wir haben uns nie »unerwünscht« gefühlt, aber es fehlt den europäischen Straßen an einer entsprechenden Infrastruktur. Wie oft sind wir mehrere Tage am Stück gefahren auf der Suche nach einem Waschplatz zum Geschirrspülen, einer Stranddusche oder Trinkwasser zum Auffüllen unseres Wassertanks. Außer auf Campingplätzen oder in städtischen Schwimmbädern wurden wir oft enttäuscht. Außerhalb der touristischen Hotspots treffen wir zudem kaum eine Menschenseele an. In den weniger besuchten Gegenden mustern uns die Einheimischen viel intensiver. Denn ein Roadtrip-Gefährt mit Surfboards und Dachbox mitten in der Slowakei ist nicht gerade üblich! Wir verstehen ihre Neugierde.

EDITION 2016
DRIVE YOUR ADVENTURE
EXPLORING EUROPE

Pfefferminztee

Pfefferminze lässt sich einfach erkennen: Die Blätter sehen aus wie die der uns wohlbekannten Minze. Die Pfefferminze unterscheidet sich lediglich durch ihren zartlilafarbenen, ährenartigen Blütenstand. Die Pflanze wächst nicht einzeln, sondern ist eine frostharte Staude.

Einen großen Strauß pflücken und mit einer Schnur oder einem Gummi unten zusammenbinden.
Den Strauß mit dem Kopf nach unten aufhängen und drei bis vier Tage trocknen lassen. Nachprüfen, ob die Blätter im Innern des Straußes ebenfalls gut ausgedörrt sind. Alle Blätter und Blüten abzupfen und in ein leeres, sauberes und trockenes Glas geben. Und schon ist der verdauungsfördernde Tee gebrauchsfertig! Wenn das Wasser kocht, etwa zehn Blätter und ein bis zwei Blüten in die Teekanne geben und 10 Minuten ziehen lassen. Jetzt trinken!

Suchá Belá

Informationen

Ort: Nationalpark Slowakisches Paradies

Höhendifferenz: 440 Meter

Entfernung: 13 km

Dauer: 4,5 Stunden

Der Name des Nationalparks »Slowakisches Paradies« erschließt sich einem beim Durchwandern der Klamm Suchá Belá. Es geht los am Besucherzentrum Podlesok, wo man pro Person 1,50 Euro Eintritt bezahlt. Dieser Klammpfad hat etwas von einem Baumkletterparcours. Die ersten vier Kilometer geht es steil bergauf Richtung Norden mitten in die Schlucht hinein. Man hüpft von Fels zu Fels, um keine nassen Füße zu bekommen, hält sich an den Seilen fest, hangelt sich an den Kaskaden vorbei über Holzbrücken oder Stahlleitern hoch. Eine echte Wonne! Der neun Kilometer lange Rückweg über einen gut ausgeschilderten Waldpfad ist ruhiger.

UNGARN

Auf einer sechs Monate langen Reise mit so vielen Destinationen geht manchmal das ein oder andere unter – das passiert halt, wir kennen das schon. So erging es uns auch in Ungarn. Wir hatten vier bis fünf Tage eingeplant wie für fast alle kleineren Länder Europas, aber die Unwägbarkeiten des Roadtrips haben anders entschieden.

Erster Halt im Nationalpark Aggtelek, um die dortige Tropfsteinhöhle zu besichtigen. Alle Tagesführungen sind ausgebucht, wir müssen morgen wiederkommen und zwar mit Bargeld! Der nächste Geldautomat ist 30 Kilometer entfernt… Wir entscheiden uns zur Weiterfahrt und steuern das nächste Etappenziel an. Vorher aber versuchen wir, Geld zu ziehen, denn wir ahnen schon, dass Kreditkartenzahlung hierzulande problematisch sein wird. Kein Geldautomat außerhalb der Großstädte! Wir kurven lange in einem Labyrinth von Einbahnstraßen herum. Natürlich, es ist 17 Uhr, Büroschluss, Verkehrsstaus. Nun gut, wir lassen uns nicht abschrecken, Geduld! Wir nehmen Kurs auf Hortobágy, das Tor in die Puszta, die weite ungarische Steppe. Wir kommen nachts an und entscheiden uns für den örtlichen Campingplatz. Einmal ordentlich duschen und Wäsche waschen wird uns guttun. Am frühen Morgen erfahren wir, dass es mal eine Waschmaschine gegeben hat. Die Dusche ist kalt, und das gelblich verfärbte Wasser, das aus dem Brausekopf fließt, stinkt nach Abwasser. Also keine Dusche. In Hortobágy regnet es in Strömen. Heute ist also nicht der Tag, um Pferdehöfe zu erkunden und ungarische Pferdehirten beim Zureiten ihrer Pferde zu bewundern.

Wir verlassen die Puszta und fahren weiter bis in den fernsten Osten des Landes, um in der Region herumzutingeln, in der die Zeit stehen geblieben ist und der ländliche Charakter aus dem letzten Jahrhundert bewahrt wurde. Wir fahren einige Stunden von Dorf zu Dorf und lächeln Passanten zu, die des Weges kommen und sich über unser seltsames Gefährt wundern. Aber leider ist das kein zur Zeitmaschine umgebautes DeLorean-Coupé – der Zeitsprung hat nicht funktioniert, nicht der geringste Karren bzw. auch keine Sense ist in Sicht. Müde vom endlosen Fahren seit zwei Tagen und unfähig, einen Nightspot zu finden, steuern wir nach dem Grenzübergang in Rumänien neuen Horizonten entgegen. So haben wir Ungarn regelrecht verpasst – schließlich lässt sich nichts erzwingen! Es ist jedoch ein Land voller Naturschönheiten und Schätze. Wir werden wiederkommen und uns Zeit nehmen, und dann werden wir es besser kennenlernen!

1
km

RUMÄNIEN

Rumänien leidet immer noch an hartnäckigen Vorurteilen, während die Realität dieses schönen Landes sehr viel moderner ist, als wir denken. Üppige Natur, Berge, Küsten, Traditionen, Liebe zur heimischen Scholle und Großzügigkeit haben uns auf unserer Tour durch Rumänien geleitet.

Kaum angekommen, erliegen wir sofort dem bäuerlichen Charme und der Idylle, die über dem ländlichen Raum Rumäniens liegt. Beim Verlassen des Apuseni-Gebirges in Richtung Transsilvanien passieren wir ein Bergmassiv nach dem anderen und entdecken das gebirgige Landschaftsrelief mit den mittelalterlichen Kirchenburgen, in denen der Mythos des Grafen Dracula geboren wurde. Nach den spektakulären, golderzhaltigen Steilwänden der Roten Schlucht (Râpa Roșie) nahe der Stadt Sebeș (Mühlbach) verirren wir uns auf den kleinen Serpentinen der Karpaten, bewundern dennoch jede Kurve, jedes Panorama. Die Sträßchen sind mitunter sehr schmal, voller Schlaglöcher und Schotter, verschmutzt oder morastig – die gute Federung unseres »Patrick« imponiert uns!

Auf unvorbereiteten Wanderungen durch dichte Urwälder bemerken wir manchmal Hirtenhütten, windschiefe Verschläge, aus denen dicker Rauch qualmt. Die angeschirrten Esel schauen uns zu, wie wir durch den Nebel geistern, die Zeit scheint stillzustehen. Am Abend wird uns ein seltener Sternenhimmel mit Milchstraße beschert. Der Blick kann sich von diesem fantastischen Naturschauspiel kaum wieder lösen.

Rumänisch, die romanische Sprache inmitten der slawischen Länder, erinnert an Italienisch, ja sogar Französisch. Unsere Muttersprache ist hier beliebter und wird besser verstanden als Englisch. Das Leben ist nicht teuer und die Rumänen sind bestrebt, uns ihre Traditionen näherzubringen. Aber Vorsicht beim Fahrstil! Immer schön festhalten und volle Konzentration! Die Fahrbahn ist nicht ohne (Fußgänger, Karren, Kühe, Traktoren und Lastwagen), und oft wird an den unmöglichsten Stellen überholt. Bertrand bleibt cool, er hat das Autofahren in Marseille gelernt!

Ciorbă

Zwiebel und Paprika in kleine Würfel schneiden und auf dem leicht geölten Topfboden goldbraun anbraten. Die Möhren und die Tomate ebenfalls in Würfel schneiden und zusammen mit dem Lorbeerblatt dazugeben. Wenn das Gemüse leicht angebräunt ist, mit ausreichend Wasser aufgießen. Sind die Karotten zart, die ebenfalls gewürfelten Kartoffeln hinzufügen.
In einem Schälchen die Crème fraîche und das Eigelb verrühren, dann in die Suppe geben, um sie etwas einzudicken. Zum Schluss einen Schuss Estragonessig und weißen Balsamico hinzufügen. Mit Salz und Pfeffer abschmecken und die Suppe schön heiß verspeisen!

Zutaten

1 Zwiebel

1 Paprika

3 Möhren

1 Tomate

4 Kartoffeln

1 Lorbeerblatt

Estragon-Essig

weißer Balsamico-Essig

1 Ei

50 ml Crème fraîche

Salz, Pfeffer

Bauernhof in Banpotoc

In der kleinen Ortschaft Banpotoc werden wir von Tanti Tuta und Nenea Costi (also »Tantchen Tuta und Onkelchen Costi«) eingeladen. Sie heißen uns auf ihrem Bauernhof willkommen, als gehörten wir zur Familie: herzliche Umarmungen und Aperitif auf der Terrasse. Costi holt seine kostbaren Obstbrände hervor: Țuică, ein Pflaumenschnaps, und Afinata, ein Heidelbeerlikör. Und schon sitzen wir im Hof alle zusammen an einem Tisch und versuchen, Rumänisch zu verstehen.

Onkelchen Costi will uns unbedingt seinen Bauernhof zeigen – wir folgen ihm auf einen großen Rundgang! Es geht an gut besetzten Hühnerställen, an Dutzenden von Enten und an Kaninchengehegen vorbei. Der Țuică-Bottich weckt unsere besondere Neugierde. Onkelchen Costi erklärt uns die Herstellungsmethode und wie die vergorene Maische im Kupferkessel destilliert wird. Aus 120 Litern Obst entstehen 17 Liter Țuică mit 40 Prozent Alkoholgehalt! Nach der Schnapsbrennerei geht es weiter zum Gemüsegarten, wo er uns seine Spaliere zeigt: Hier ranken sich Reihen von Tomaten und Kletterbohnen neben Beeten mit Paprikapflanzen, Roten Beten und Kartoffelstauden, die er stolz von Hand umgräbt.

Der Besuch endet mit einem Abstecher in die schöne und große Scheune, wo es herrlich nach Holz und Heu riecht. Arm in Arm führt er uns zurück an den Tisch und schenkt uns nochmal Țuică ein. Wir haben von der rumänischen Gastfreundschaft schon viel gehört, hier aber nun wird sie uns zuteil – freimütig und in ihrer ganzen Fülle!

Ländliches Idyll

In Westeuropa herrscht eine große Landflucht. Wie sehr ist uns das nun schon vertraut! In der breiten Hauptstraße gab es mal einen Bäcker, einen Metzger, einen Friseur und einen Tabak- und Zeitschriftenladen, und andere kleine Geschäfte befanden sich in der Nähe. Eines nach dem anderen hat zugemacht, die Schaufenster stehen leer oder werden mitunter in temporäre Kunstgalerien umgewandelt. Die Schilder »zu verkaufen« haben die Ladenschilder ersetzt. In diesen Durchgangsdörfern ist kein Leben mehr. In Rumänien haben wir wiederentdeckt, was das Landleben einst war. Die Berge und grünen Täler werden von Kuh- und Schafherden beweidet und zu beiden Seiten der Straße sind die Wiesen von riesigen Heuhaufen übersät. Das kleinste Dorf ist belebt: die vor den Häusern sitzenden Rentner halten ein Schwätzchen, während sie den vorbeifahrenden Autos nachschauen, Kinder kurven mit dem Fahrrad herum, eine Hausfrau kommt aus der Bäckerei und grüßt zwei Männer mit Hut, die große Sensen tragen, Traktoren treffen auf Karren mit Pferdegespannen, an der einzigen Eckkneipe am Ort ist jede Menge los. Kurz, hier herrscht Leben. Die Dörfer haben ihre Seele und ihre Lebenskraft bewahrt. Der Landbau ist nach wie vor präsent, und man spürt einen Heimatstolz, der nicht verloren gehen sollte. Wir würden uns wünschen, dass sich bei uns auf dem Lande wieder Menschen ansiedeln und die Dörfer eine so gelassene Lebensart ausstrahlen, wie jene, die wir hier empfunden haben.

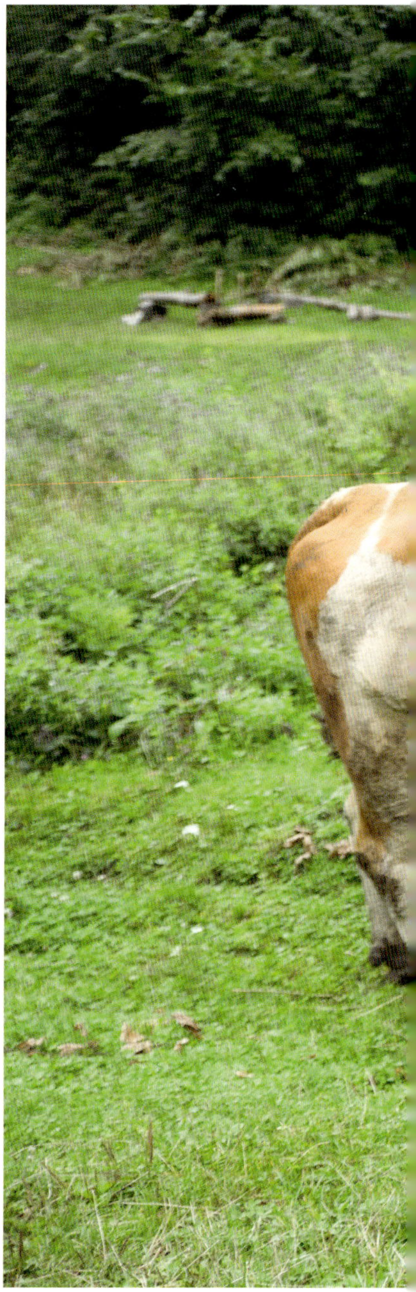

Eine Nacht ohne Van

Am Sonntag, den 28. August, erleben wir eine besondere Nacht mitten auf unserem Roadtrip. In dieser Nacht haben wir »Patrick« vor dem Haus von Codruța und Razvan in Bukarest abgestellt und allein stehen lassen. Zum ersten Mal in dreieinhalb Monaten haben wir nicht im Van geschlafen. Unsere Gastgeber haben uns ihr Gästezimmer angeboten. Der Verlockung eines Zimmers mit richtigem Bett konnten wir nicht widerstehen. Nicht, dass »Patricks« Matratze nicht bequem wäre, wir schlafen darauf sehr gut, es war eher die Vorstellung, genug Platz zu haben, ohne einander zu stören. Daran gewöhnt, uns schmal zu machen, um den anderen nicht zu belästigen, haben wir in dem 140 cm breiten Bett nun richtig viel Platz. Kein Zeh, kein Ellbogen, keine Wirbelsäule, die uns den Platz streitig macht! Es ist fast so, als hätten wir jeder für sich ein Bett! Die Vorhänge sind allerdings nicht so lichtundurchlässig wie die von »Patrick«, und im Wohnmobil gibt es keine Katzen, die an der Tür kratzen, um Streicheleinheiten einzufordern, keinen Straßen- oder Nachbarschaftslärm. Letzten Endes ist es eine zärtliche und beruhigende Geste, sich mit den Zehenspitzen zu berühren. Die Gegenwart des anderen und seine liebende Nähe zu spüren, ist besänftigend. Alles in allem ist unser Bett auf Rädern genau das Richtige für uns.

Nightspot

45°35'26.0"N | 24°37'44.5"E

Transfogarascher Hochstraße

Die berühmte Transfogarascher Hochstraße, auf Rumänisch Transfăgărăsan oder Nationalstraße DN 7 C, ist laut den meisten Reiseführern die höchstgelegene und schönste Straße Rumäniens. Inmitten der Straßenkehren haben wir einen Platz gefunden, um im Bus zu übernachten. Nicht im Schatten eines herannahenden Vampirs, sondern der schönen Bergkulisse der Transsilvanischen Alpen (Südkarpaten).

EB-540-RQ

BULGARIEN

Bulgarien, Kreuzpunkt der Zivilisationen und Tor zum Orient, zeichnet sich durch die mannigfaltigen Relikte seiner uneinheitlichen Geschichte aus. Im ländlichen Raum sind die sozio-ökonomischen Probleme unverkennbar, aber die überraschenden Landschaften fordern uns zu einem Blick hinter die Kulissen auf.

In Bulgarien wechselt die Schrift zum kyrillischen Alphabet und wir können dort kaum etwas entziffern. Zum Glück steht auf den Straßenschildern immer das lateinische Pendant. Wir fahren die golden leuchtenden Küstenstreifen des Schwarzen Meeres entlang. Das Meer! Das Meer! Ich wippe vor Freude im Sitz auf und ab, denn endlich kommen wir in den Ländern mit blauen, sonnenverwöhnten Küsten an. In unserer ersten Nacht nisten wir uns an der Steilküste der Ortschaft Krapets ein. Die Wellen und der Horizont in nächster Nachbarschaft, die Milchstraße als Himmelsplafond – es ist eine süße Nacht, die nach Paradies duftet.

Mit dem facettenreichen Spektrum seiner Landschaften hat uns Bulgarien oft überrascht. Die mittelalterliche Festung bei Veliko Tarnovo, die Kalkpyramiden von Melnik oder die Dvetaskha-Höhle sind echte Kulturschätze bzw. Naturwunder. Jedoch ist es das Busludscha-Monument, das 1981 eingeweihte Denkmal der Bulgarischen Kommunistischen Partei, das uns am meisten fasziniert. Über einer dicht bewaldeten Landschaft thront dieser verfallende Betonkoloss nach wie vor wie ein Schreckgespenst aus vergangenen Tagen auf dem Chadschi Dimitar im Balkangebirge.

Wir fahren auf Straßen, die stillgelegt wirken oder zumindest kaum noch befahren werden. Auf diesen Straßen muss man auf alles gefasst sein: ein mitten in der Kurve geparktes Auto, Pferdekarren, eine alte Bäuerin, die mit ihren zehn Ziegen eine vierspurige Fahrbahn überquert, krass differierende Tempolimits. Oft steht uns der kalte Schweiß auf der Stirn.

НА КРАК
О ПАРИИ ПРЕЗР
НА КРАК О РОБ
ПОТИСНАТИ И
СТАВАЙТЕ СРЕШ
НЕКА ЕЗ МИЛ
НЕ НЕМ

Free-Party-Kultur

»Première surprise partie«, sang Sheila 1963. Für uns ist es heute unsere erste »Free Party«, die kleine Schwester der guten, alten »Rave Party«, auch Teknival bzw. Technofestival genannt, handelt es sich um eine große, illegale Rave-Party, auf der sich Musik-Freaks von Techno bis Hard-Tech einfinden. Wir sind nicht so sehr erpicht auf BUM-BUM-Musik ohne Rhythmus und Melodie, aber wir wurden eingeladen. Die Adresse ist ungenau und wir kurbeln die Fenster herunter, um uns am Sound zu orientieren. Aber schließlich lotst uns unser Sehsinn. Am Strand, hinter dichten Bäumen versteckt, nehmen wir Dutzende von Zelten und Lastern wahr. Also kurz umgedreht, und da ist auch schon der beschriebene Weg zum Camp, das sich hier seit fünf Tagen niedergelassen hat.

Unser erster Rave beginnt mit einem Sprung ins Schwarze Meer. Wir plantschen zum Rhythmus der von den Dünen etwas gedämpften Bässe, die jedoch auch hier präsent sind. Wieder trocken, lernen wir unsere Gastgeber und ihre Freunde näher kennen. Bei Einbruch der Nacht steigt die Lautstärke so stark an, dass es uns von unseren Stühlen reißt und zu den »Soundsystems« hinzieht: vier Wälle Lautsprecherboxen, die das ganze Terrain unter ihren Bässen vibrieren lassen. Schließlich schaffen wir es, den Sound zu finden, der uns am wenigsten missfällt, etwas variationsreicher und weniger brutal. Wir bleiben hinter den anderen etwas im Abseits. Wie können die sich nur so nahe an den Verstärkern aufhalten? Drogen vielleicht? Klar, auf Technopartys gehören Drogen dazu und das Angebot ist vielfältig. Was man auch immer davon halten mag, die Stimmung ist gut. Wir rühren nichts von alldem an und sind fast überrascht, dass sich unsere Hüften mitunter zum Rhythmus bewegen. Ist das wahr, wir tanzen auf einer Hard-Tech-Party in Bulgarien? Unfassbar!

Wir gehen in unserem Bulli abseits des Camps schlafen, aber sogar bis hierher wummern die Bässe, lassen die Karosserie erzittern und kitzeln unseren Bauch. Die ganze Nacht, den ganzen Tag – pausenlos. Das BUM BUM ist allgegenwärtig. Die meisten Raver sind seit einer Woche hier.

Ein Nachmittag und ein Abend sind für uns mehr als genug. Auch wenn wir eine Wiederholung ausschließen, wir bedauern unsere Premiere nicht.

Europäer aus Frankreich

Ja, wir sind Franzosen. Wenn wir in Frankreich sind, achten wir nicht weiter darauf. Es ist selbstverständlich und nicht groß der Rede wert. Auf Reisen jedoch ist unsere Identität zuallererst von unserer Nationalität geprägt. Wenn wir jemandem begegnen, lautet die erste Frage immer: »Woher kommt ihr?«. Erst danach kommen die Vornamen, die Berufe und Interessen. In erster Linie sind wir Franzosen. Die Bedeutung dieses Persönlichkeitsmerkmals haben wir nie richtig wahrgenommen. Wir haben nie wirklich darüber nachgedacht. Was heißt das genau? Wie leben wir dieses Hauptattribut aus? Inwiefern schwingt es in uns mit? Wie beeinflusst es unser Auftreten, unsere Entscheidungen, unsere Esskultur, unsere Sprechweise, unsere Lebensart? Sind wir nur durch die anderen Franzosen? Existieren wir nur über unsere Nationalität? Gibt es uns nicht auch als europäische, globale Weltbürger? Es gibt weder eine richtige noch eine falsche Antwort, nur eine sehr persönliche. Bertrand erlebt es gewiss nicht auf die gleiche Art wie ich. Jeder definiert seine Bürgerschaft, seine gesellschaftliche Zugehörigkeit und sein soziales Dasein anders. Diese Reise stellt uns viele Fragen gleichzeitig und beschert uns ansatzweise Antworten. Wir entwickeln uns quer durch diese so unterschiedlichen und doch auch so ähnlichen Länder. So andersartig und doch so nahe. Also ... sind wir *nur* Franzosen ...?

Nightspot

43°37'05.4"N | 28°34'25.7"E

Krapets

Krapets befindet sich auf dem Plateau einer schönen Steilküste, die über dem Schwarzen Meer aufragt. Zum Übernachten haben wir uns südlich der kleinen Ortschaft in hohem Gras eingenistet. Die Wellen und der Horizont als Umgebungskulisse versprechen eine lauschige Nacht.

Prohodna-Höhle

Informationen

Ort: Karlukovo Gorge

Fußmarsch: leicht, 500 Meter

Klettern: 40 Trails mit Schwierigkeitsgrad 5c bis 9a, 25 bis 40 Meter lang

Bungee-Springen: aus 40 Meter Höhe

In der Karstfelsen-Schlucht Karlukovo, zwei Kilometer von der gleichnamigen Ortschaft entfernt, befindet sich die Prohodna-Höhle – bulgarisch für »Durchgangshöhle«. Sie bildet einen 260 Meter langen Tunnel mit zwei Zugangsmöglichkeiten. Kostenlos und ganzjährig begehbar, kann man sie über den vielbesuchten Touristenpfad oder aber über anspruchsvollere Wege erkunden. Ihre zig Meter hohen Felsbögen begeistern Hobbykletterer und Bungee-Springer. Im Inneren fällt durch zwei riesige Löcher in der Höhlendecke, »Augen Gottes« genannt, das Sonnenlicht ein, das den feuchten Fels hell erstrahlen lässt und der Höhle eine mystische Atmosphäre verleiht.

EB-540-RO

FRANKREICH
ITALIEN
Ligurisches Meer
Campo Imperatore (250)
Rom
Pasta alla carbonara (263)
Porto Ferro (263)
Cala Goloritzè (258)
Agriturismo Le Tore (242)
Risotto Le Tore (242)
Sardinien
Tyrrhenisches Meer
Mittelmeer

MITTELMEER-STAATEN

Griechenland, 1800 km, 13 Tage
Italien, 2000 km, 9 Tage
Frankreich, 800 km, 4 Tage
Sardinien, 1100 km, 7 Tage

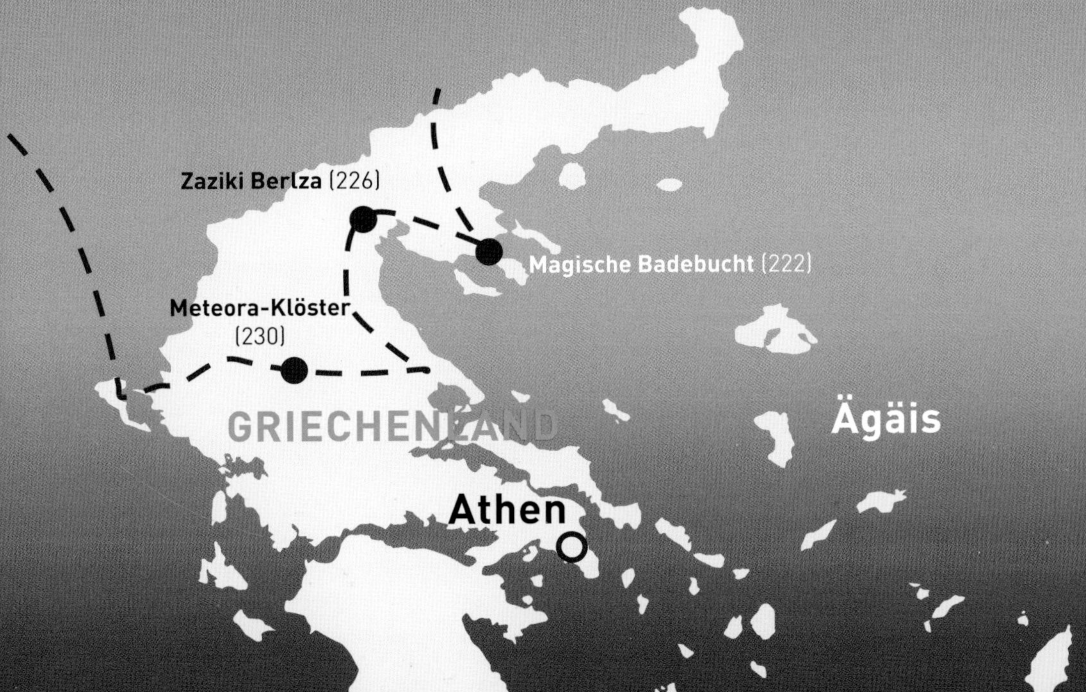

GRIECHENLAND

Der Monat September ist da, die traditionelle französische Sommerpause geht mit der »rentrée« (Rückkehr) zu Ende, ein wichtiges Ereignis im Jahresrhythmus unserer Gesellschaft. Unsere Rentrée ist geprägt von der Weiterreise von Bulgarien nach Griechenland in den europäischen Mittelmeerraum.

Auf einer so langen Reise in einem voll ausgestatteten Van lassen sich leicht glückliche Tage verbringen. Unser Alltagsrhythmus verläuft in geregelten Bahnen: fahren, besichtigen, fotografieren, schreiben, genießen und leben. Am Abend bauen wir Tisch und Laptops vor der türkisblauen Meereskulisse der Ägäis auf. Unsere »Rentrée« ist in Sonnenlicht getaucht und unser Schreibtisch steht unter freiem Himmel. So könnte unsere Rückkehr aus der Sommerpause jedes Jahr sein!

Dreißig Grad Celsius und eine lebensrettende Meeresbrise, die uns nicht ersticken lässt. Weit weg sind die Mützen und Anoraks, die wir im Juli noch in Norwegen brauchten. In Griechenland leben wir quasi im Badeoutfit! Weniger Kleidung = weniger Wäsche = weniger Chaos! Der Campingbus scheint uns viel größer, denn wir haben ein Zimmer mehr: draußen!

In Griechenland haben unsere fünf Sinne ihren Sinn. Die Halbinsel Chalkidiki mit ihren drei fingerartigen Landzungen ist von Olivenbäumen und Kiefern dicht bestanden. Wir fahren bei offenen Fenstern und erfreuen uns am berauschenden Pinienharzduft. Jede Kurve bietet uns unendlich viele Blaunuancen, wir können uns gar nicht sattsehen an diesem Licht. In den Restaurants der Halbinsel Pilion entfalten sich, zum größten Vergnügen unserer Geschmacksknospen, noch mehr dieser Düfte und Aromen auch in unserem Mund.

Zu den berühmten Meteora-Klöstern hochsteigen heißt, sich an die Klettergriffe klammern und sich die Rauigkeit des Gesteins einprägen. Im Pindos-Gebirge wird uns eine sanfte, konstante Brise, bisweilen von Regen unterbrochen, in den Schlaf wiegen. Durch dieses schöne Land zu reisen ist wie an einem köstlichen, aromareichen Cocktail schlürfen.

Drive your Adventure
wevan
EB-540-RQ

Nightspot

40°08'21.4"N | 23°56'00.4"E

Magische Badebucht

Nicht einfach, ohne Vierradantrieb dorthin zu gelangen, aber die 15 bis 20 Minuten lange Anfahrt über staubige Pisten lohnt sich. Hier empfiehlt es sich, am Strand zu zelten, denn der Bus muss oben stehen bleiben. Für ihn haben wir eine Parknische in den Felsen gefunden, wir aber kraxeln in die Bucht hinunter. Türkisblaues Wasser, weißer Sand, malerische Felsen und Ausblick auf den Berg Athos – ein magischer Ort!

EB-540-RQ

Zaziki Berlza

In Griechenland gibt es kein Restaurant ohne Zaziki. Es gehört einfach überall dazu. Der Preis schwankt zwischen 2,50 € und 4,50 €, normalerweise ist es Teil eines typischen Vorspeisentellers, den *mezés,* die man sich mit anderen teilt. In Griechenland haben wir fast jeden Tag Zaziki gegessen. Wir haben die verschiedenen, gesammelten Rezepte vermischt und unser eigenes Zaziki daraus kreiert – und das geht so ...

Zutaten

2 Gurken

1 Griechischer Joghurt (mit mindestens 10 % Fett)

1 Dessertjoghurt aus Ziegenmilch

2 Knoblauchzehen

1 Schuss Olivenöl

frischer Oregano

Salz, Pfeffer

Die Gurken schälen und in kleine, sehr feine Würfel schneiden. Mit Salz vermischt in ein Sieb geben und gut abtropfen lassen.
Die beiden Joghurts miteinander verrühren.
Die Knoblauchzehen zerdrücken und dem Joghurt hinzufügen. Gut vermengen.
Die Gurkenwürfel unterheben, sobald sie ihr ganzes Wasser abgegeben haben.
Abschmecken, Olivenöl beigeben und etwas fein geschnittenen Oregano darüberstreuen.

Müllbucht

Am äußersten Ende der Halbinsel Pilion liegt eine vielversprechende Badebucht. Vom felsigen Küstenpfad aus, auf dem wir uns vorsichtig vorantasten, nehmen wir einen Kiesstrand wahr, eingerahmt von Olivenbäumen und türkisblauem Wasser. Mehr braucht es nicht, um hinuntersteigen zu wollen und unser Nachtlager aufzuschlagen! Aber einmal vor Ort, stellen wir fest, dass diese Bucht am Ende der Welt mit Müll übersät ist. Wir können uns an diesem Strand nicht tatenlos niederlassen. In weniger als einer Stunde haben wir fünf große Müllsäcke gefüllt und dabei ist das noch nicht einmal ein Zehntel dessen, was uns umgibt: Flaschen, Feuerzeuge, ein Fernseher, Glühbirnen, Flip-Flops, Becher und Plastikmüll jeder Art. Einige Abfälle sind vom Wind und Meerwasser so angegriffen, dass sie uns zwischen den Fingern zerbröseln. Alles einsammeln ist unmöglich. Die Wut legt sich und weicht dem Unverständnis und der Traurigkeit. Warum sind die Menschen so destruktiv, so unverantwortlich, so rücksichtslos? Wie kann man nicht verstehen, dass diese Abfälle, die wir produzieren, uns und unserer Umwelt schaden? Die Kunststoffmikropartikel sind inzwischen überall, in der Luft, im Wasser, sie werden von den Tieren verschluckt, die wir essen, sie sind in den Pflanzen, im Obst, im Gemüse, das wir konsumieren. Diese wilde Bucht hätte ein paradiesischer Platz sein können, hat sich aber als Müllhalde entpuppt. Das hat uns missgestimmt, aber auch in unserer alltäglichen Lebensweise bestärkt: gesund essen – bio, regional – und bestrebt sein, »null Abfall« zu produzieren, indem man alle Arten von Verpackung reduziert und kein Plastik mehr verwendet. »Es würde schon genügen, dass die Leute nichts mehr kaufen, damit nichts mehr verkauft wird ...«, pflegte der französische Humorist Coluche zu sagen. Es gilt, den gesunden Menschenverstand wiederzufinden!

Die Felsen von Meteora erkunden

Inmitten der Ebene von Thessalien (Zentralgriechenland) erheben sich die Berge, von denen keiner dem anderen gleicht: die Meteora-Felsen. Es handelt sich um Konglomeratfelsen aus Sand- und Gesteinsschichten, die über Millionen von Jahren durch einen vom Norden her fließenden Strom angeschwemmt und abgelagert wurden, bis das Gewässer schließlich in Richtung Meer zurückwich und diese bizarren Berge hinter sich stehen ließ. Die Felsgiganten bieten ein überwältigendes Naturspektakel. An nebeligen Tagen, wenn man sie bis oben hin erklommen hat, sieht man ihren Sockel nicht mehr und sie scheinen über dem Boden zu schweben, daher ihr Name Meteora-Felsen, wie er ihnen vor über 500 Jahren von den dort lebenden Mönchen verliehen wurde. Denn dieser einzigartige Ort ist nicht nur Teil eines Nationalparks, der in das Unesco-Welterbe aufgenommen wurde, sondern auch eine bedeutende Kultstätte für orthodoxe Christen. Seit dem 10. Jahrhundert finden hier Mönche Zuflucht; zunächst als Eremiten in den Höhlen, die sie frei erkletterten oder sich mit Strickleitern behalfen, dann später, indem sie Stein auf Stein die Klöster erbauten. Es stehen immer noch zwei Dutzend Klöster oben auf den Meteora-Felsen, aber nur noch sechs sind von Mönchen oder Nonnen bewohnt.

Eine Straße führt bis zur Kleinstadt Kalambaka hinauf, die am Fuß der Meteora-Felsen auf einem Hochplateau eingebettet liegt. Von hier aus kann man die Klöster besichtigen oder sich auf zahlreiche Wanderwege begeben. Schwer zu sagen, wo man hinwandern oder was man anschauen soll, denn die Gegend ist mit Attraktionen reichlich gesegnet. Wir haben uns erst einmal für eine geführte Wanderung mit begrenzter Teilnehmerzahl entschieden. Das erleichtert den Gedankenaustausch und macht den Fußmarsch angenehmer. Wir sind vier Stunden mit unserem Bergführer Vangelis herumgekraxelt, der viel Interessantes zu Geologie, Geschichte, Spiritualität, Fauna und Flora rund um die Meteora-Felsen zu erzählen wusste. Die Wanderung endete mit einer kostenlosen einstündigen Besichtigung des »Großen Meteoron«, der beeindruckendsten Klosteranlage neben all den anderen, wo wir die vergoldete Klosterkirche und gut erhaltene Manuskripte

bestaunt haben. Am zweiten Tag haben wir uns zum Klettern angemeldet. Hundert Meter Aufstiegstrail in Begleitung unseres Vorsteigers Kostas. Der Trail »Isidora« führt uns zum Gipfel des »Doupiani-Felsens«. Mehr mutig als routiniert sind wir ohne große Schwierigkeit hochgeklettert. Der Panoramablick von ganz oben war grandios.

Einer Metallbox am Felsgipfel entnahm Kostas ein schwarzes Notizheftchen, in dem sich jeder Kletterer mit seiner Unterschrift verewigen musste. Eine alte Tradition, aber dadurch lässt sich auch protokollieren, wie viele Personen jedes Jahr diesen Aufstiegsweg genommen haben. Wir trugen uns stolz mit unseren Namen ein. Zwei Tage Meteora-Berge: eine Autotour, eine lange Wanderung, eine Klosterbesichtigung und die Besteigung eines dieser Steinriesen – wir sind hier voll auf unsere Kosten gekommen. Ein Ort, den man in seinem Leben unbedingt gesehen haben sollte.

Infos zu Wanderungen, geführten Besichtigungen und Klettertouren:
www.visitmeteora.travel

Kokon unterm Dach

Unser Bulli »Patrick« ist für eine vierköpfige Crew konzipiert. Es gibt also vier Sitze mit Sicherheitsgurt und zwei Betten für je zwei Personen. Ein Bett ist die aufklappbare hintere Rückbank, ein weiteres einziehbares Bettsystem befindet sich im Aufstelldach. Wir dachten eigentlich, dass wir eher oben schlafen würden, um zwei getrennte Räume zu haben – also »Schlafzimmer« und »Wohnzimmer«. Tatsächlich aber haben wir oben nur eine Nacht verbracht. Das obere Bett ist genauso bequem, unten aber schlafen wir besser, weil wir uns geborgener fühlen. Unter dem Aufstelldach ist das Bett von einem zeltwandähnlichen Leinenstoff umgeben, durch den Geräusche, Sonne und Kälte eindringen... Wir klettern gerne mal für ein kurzes Mittagsschläfchen hinauf. Dann nehmen wir die Moskitonetze ab, um die Aussicht zu genießen, denn der Blick von da oben ist oft schön, und wir lassen die Sonnenstrahlen auf unsere Gesichter und Zehen scheinen. Es ist eine Mischung aus Sommerzimmer und Berghütte – unser Kokon unterm Dach.

weVan
EB-540-RQ

Das Leben der Verwandten daheim

In zehn Tagen werden wir einen Schlenker über Frankreich machen, um auf der Hochzeit von Fred und Mel dabei zu sein – wie bei unserer Abreise versprochen. Das heißt also, dass seit unserer Abfahrt aus Nantes vier Monate vergangen sind. Schwer zu verdauen! Da wir uns zeitlos fühlen, haben wir den Eindruck, dass die Zeit auch für unsere Verwandten stillgestanden hat: Ihre Leben wurden am 4. Mai eingefroren und alles wird bei unserer Rückkehr wieder seinen normalen Gang gehen. Und doch findet die Hochzeit genau am 24. September statt – also ist auch für unsere Verwandten die Zeit verstrichen. Sie haben schöne Tage in den Wonnemonaten Mai und Juni verbracht, das Musikfestival, die zwei Sommermonate und die Rentrée liegen hinter ihnen, und jetzt steuern sie auch schon dem Herbst entgegen. Fernab von ihrem Alltagsleben, scheint es uns legitim, wenn auch ein wenig egoistisch, dass sich während unseres Roadtrips durch Europa nichts Wichtiges ereignet hat. Und doch hat ein Baby das Licht der Welt erblickt, weiterer Nachwuchs ist unterwegs, das Aufgebot wurde bestellt, Häuser werden gebaut und auch sonst hat sich jede Menge Neues getan: Projekte, Arbeitsleben, Umzüge, Begegnungen ... Das Leben der anderen ist weitergegangen, ohne auf uns zu warten. Zum Zeitpunkt unserer Rückkehr werden wir wieder voll und ganz in ihr Leben eintauchen, zu dem sechs Monate hinzugekommen sind. Wir werden aus unserem Freiheits-Intermezzo wieder aussteigen und lernen müssen, in ihrer Realität zu leben. Wir hoffen, dass diese sechs Monate Abenteuer uns ausreichend gewappnet haben, damit die Rückkehr so glatt wie möglich verläuft. Denken wir nicht zu viel darüber nach, es liegen noch anderthalb Reisemonate vor uns – auf dass wir unseren Roadtrip in vollen Zügen ausleben!

ITALIEN

Italien lässt sich nur schwer charakterisieren, so regional unterschiedlich sind seine Landschaften und Traditionen. Unser roter Faden: die italienische Küche! Die Spezialitäten ändern sich mit jeder Region, die wir durchfahren, für uns aber ist es jedes Mal eine echte Gaumenfreude!

Die Fähre, auf der wir Griechenland verlassen haben, legt vor den Toren Apuliens am südöstlichen Absatz des großen Stiefels an. Es geht quer durch Ödland, Olivenplantagen und weiße Dörfer wie etwa das herrliche Locorotondo oder das überraschende Alberobello mit seinen 1500 Trulli, den typischen Steinhäusern mit konischen Dächern. Wir verlassen die Ufer der Adria, um die Küsten des Tyrrhenischen Meeres und seine berühmte Amalfiküste zu erkunden.

Hier einige Tipps, um im Straßenverkehr Süditaliens zu überleben: 1. man vergesse, dass es Blinker gibt; 2. man lerne, mit der Hupe zu kommunizieren (um zu rügen, zu warnen, zu grüßen oder zu danken – die Hupe ist multifunktionell); 3. man schaue immer in den Rückspiegel, die Motorroller sind überall und kreuzen überraschend auf; 4. man bleibe wachsam und gelassen, und alles wird gut! Um nach so vielen Gefühlswallungen zu relaxen, gibt es nichts Besseres als eine Pizza und ein Glas Wein auf der Terrasse. Das Essen ist gut fürs Gemüt und besänftigt das Herz. Wir kochen und essen kaum mehr im Van, denn die zahlreichen Restaurants bieten eine attraktive Speisekarte.

Um uns auf das grandiose Hochplateau »Campo Imperatore« in den Abruzzen zu begeben, fahren wir eine ganz schmale Schotterstraße hoch. Wir tingeln von einem Tal zum anderen, an mehreren verlassenen Bauernhöfen vorbei. Danach geht es in die Toskana mit ihren Zypressen, sonnenbeschienenen Ziegeldächern, goldgelb leuchtenden Weizenfeldern... entschleunigte Lebensart und Chianti! In den italienischen Alpen mangelt es nicht an schönen Wandermöglichkeiten, wobei der Weg zu den Wasserfällen von Lillaz (im Aostatal) besonders hervorsticht.

Le Tore

Die Amalfiküste im Süden Neapels ist eines der landschaftlichen Highlights Italiens. Leidtragende sind die Dörfer und Ortschaften, die sich an die Steilküsten schmiegen und aufgrund der Touristenflut an Authentizität einbüßen. Ganz am Ende der Halbinsel gegenüber der Insel Capri haben wir einen Ruhepol gefunden: sechs Hektar silbern glitzernde Olivenhaine, die zum Biobauernhof »Le Tore« in dem Städtchen Sant'Agata gehören. Vittoria und ihre Familie haben ein altes Gehöft aus dem 18. Jahrhundert in einen Agrotourismus-Betrieb mit Gästezimmern umgebaut. Alles, was sie zum Frühstück oder zum Abendessen servieren, kommt direkt aus eigenem Anbau. Die drei ständigen Mitarbeiter sind alle vielseitig, wechseln sich ab und helfen sich gegenseitig: bei der Arbeit auf den Feldern und in der Zubereitung von Speisen, bei der Gartenarbeit und im Zimmerservice. Es gibt richtig viel zu tun und immer jede Menge Projekte.

Während Vittoria das Wachstum dieser jahrtausendealten Olivenbäume erläutert, reißt sie eine Olive ab und gräbt ihren Fingernagel ins Fruchtfleisch, um das aus-

tretende Öl zu prüfen: »In zwei Wochen werden wir ernten.« Beneidenswert, dieses Know-how, dieses Wissen um die Schätze der Natur. Ganz Pädagogin, wünscht sich Vittoria, dass »Le Tore« auch ein Lehrbauernhof zur Bewahrung der regionalen Traditionen wird, die dieses Ökosystem schützen. Über Kolloquien, Workshops, Kurse oder Praktika arbeitet sie mit den öffentlichen Einrichtungen und der Landwirtschaftsuniversität von Neapel zusammen, um dieses Projekt in die Tat umzusetzen.

Vittoria kommt der Fülle von Anfragen und Buchungen kaum hinterher. Einheimische kaufen in ihrem kleinen Laden Obst und Gemüse für die ganze Woche; eine 15-köpfige amerikanische Wandergruppe sitzt gerade am Gästetisch, und aus aller Welt treffen Bestellungen für das »mediterrane Überlebenspaket« ein (Oliven, Tomaten-Passata, Wein). Was an »Le Tore« so fasziniert, ist die Tatsache, dass dieser Biobauernhof zugleich in den uralten Traditionen verankert ist und zukunftsorientiert wirtschaftet. Für eine noch bessere Nutzung von Naturelementen werden gerade Sonnenkollektoren, ein Erdwärmesystem und ein Regenwasserspeicher installiert. Dem Boden gibt Vittoria das durch ihn erlernte Wissen dankbar zurück: durch ein italienisches Slowlife-Refugium.

Informationen: www.agriturismosorrentoletore.com

Risotto »Le Tore«

Zutaten

1 Zwiebel

2 Selleriestangen

1 Dose »Le Tore« Tomaten-Passata à 500 ml

»Le Tore« Olivenöl

200 g Risotto-Reis

Die Zwiebel in sehr feine Würfel schneiden, in eine mit Öl gefettete Pfanne geben.
Die Sellerieblätter abzupfen. Die Stangen zunächst längs ausreichend dünn und sodann in kleine Würfel schneiden. In die Pfanne geben.
Die Pfanne auf hohe Flamme stellen und den Sellerie und die Zwiebel 5 Minuten anrösten lassen.
Die Tomaten-Passata hinzufügen, die Mischung salzen.
Das Ganze 5 bis 10 Minuten auf hoher Flamme kochen, bis das Tomatenwasser verdunstet ist. Währenddessen mit einem Holzlöffel gelegentlich umrühren.
Den Reis unter ständigem Rühren in die Sauce geben.
Den Reis in dem Tomatenpüree bei hoher Hitze 5 Minuten kochen lassen, dann auf niedrige Gasflamme zurückdrehen.
Wenn der Reis anklebt, etwas Wasser hinzugießen, je nach Bedarf mehrmals hintereinander.
Die Garzeit des Risottos beträgt 20 Minuten, aber man sollte öfters probieren, um den gewünschten Gargrad individuell zu bestimmen.

Das gewisse Etwas, damit das Risotto umso verführerischer wird:

Zutaten

2 Knoblauchzehen

1 EL »Le Tore« Olivenöl

ca. 10 Kirschtomaten

einige frische Basilikumblätter

Die halbierten Knoblauchzehen in eine mit Olivenöl gefettete Pfanne geben.
3 Minuten anrösten lassen, dann die Kirschtomaten hinzufügen.
Die frischen Basilikumblätter fein schneiden und in die Pfanne geben.
Diese köstliche Mischung auf dem Risotto anrichten.

Zeitfresser

Rückblickend und nach allem, was wir erlebt haben, wird uns bewusst, dass im Camper alles mehr Zeit braucht. Die Handgriffe und Automatismen des Alltags sind in einem beengten Nest nicht so schnell erledigt. Morgens muss man zuallererst die Rückbank hochklappen, um sich im Bus frei bewegen zu können. Dann heißt es Vorhänge aufziehen und Isolatoren abnehmen, um überhaupt nach draußen schauen zu können, und schließlich das Aufstelldach hochklappen, um aufrecht stehen zu können. Der »Sprung aus dem Bett«, der zu Hause 10 Sekunden dauert, dauert im Van gute zehn Minuten.

Das Frühstück kostet den gleichgroßen Aufwand – alles muss aufgedeckt, geöffnet, herausgeholt und ausgepackt werden. Und wenn man glaubt, fertig zu sein, merkt man plötzlich, dass man etwas vergessen hat. Zeit für Morgenakrobatik: man verbiege sich, um sich unter dem Tisch bis zu den Wandschränken vorzuarbeiten. Kaum hat man gefrühstückt, gilt es, das Gleiche in umgekehrter Reihenfolge zu erledigen, plus Aufräumen und Abwasch, denn auf sechs Quadratmetern kann man kaum etwas bis zum nächsten Tag stehen lassen. Aufschieben verboten!

Jetzt ist Zeit für die Morgentoilette, zum Anziehen und Austreten. Wenn wir um 9 Uhr morgens aufstehen, fahren wir nie vor 10.30 Uhr los. Und der Tag vergeht durch unser Mindestpensum an Straßenkilometern in Windeseile. Hinzu kommen schleppende Parkplatzsuchen sowie Pflichtzwischenstopps (Einkaufen, Tanken, Fremdenverkehrsämter), und mit dem Vergnügungsteil (Besichtigungen, Aktivitäten, Wanderungen, Lesepausen mit Aussicht) vergeht die Zeit ruckzuck!

Am Abend müssen wir einen neuen Übernachtungsplatz finden, ehe die Dunkelheit die Aufgabe erschwert. Mit etwas Glück brauchen wir nur zwanzig Minuten, aber es kann auch passieren, dass wir ein bis zwei Stunden herumkurven, bevor wir einen geeigneten Platz finden. Unser Bulli geht vom Fahrmodus in den Schlafmodus über. Aufräumen, Bett herunterklappen, Fenster verdunkeln – es ist schon wieder 22 Uhr. Im Bus vergeht die Zeit schneller, aber auch, weil wir glücklich sind. In glücklichen Momenten verfliegt die Zeit im Nu, das ist wohlbekannt. Und soll sie doch! Wir werden vielleicht schneller altern, aber auch zufriedener, ganz bestimmt!

Nightspot

42°26'53.4"N | 13°34'23.7"E

Campo Imperatore

»Campo Imperatore«, so heißt ein 27 Quadratkilometer großes Hochplateau im Herzen der Abruzzen. Auf über 1700 Metern Höhe bietet diese von hohen Gipfeln eingerahmte, weite Ebene ein atemberaubendes Naturspektakel. In vielen kleinen Bodenmulden lässt sich ein Nachtcamp aufschlagen.

Provenzalische Verschnaufpause …

Wirklich seltsam. Wir sind in Aix-en-Provence, auf der Terrasse von Bertrands Eltern, um mit seiner ganzen Familie einen Aperitif zu trinken. Ist die Reise nun zu Ende? Sind wir wieder in unser »normales« Leben zurückgekehrt? Ist das die berühmte Rückkehr in die Realität? Aber nein, »Patrick« ist immer noch da, ganz in unserer Nähe, vor dem Haus geparkt. Nach Italien und vor Sardinien sind wir auf Durchreise im Südosten Frankreichs, um unser Versprechen einzuhalten, bei der Hochzeit von Fred und Mel dabei zu sein! Noch vor unserer Abreise haben wir dieses wichtige Datum in unserer Routenplanung berücksichtigt. Absagen wäre ein Ding der Unmöglichkeit gewesen. Und jetzt sind wir da! Am Vorabend der Hochzeit: ein großes Familienessen – irgendwie unwirklich. Der Tag X ist noch schlimmer. Wir tauschen unsere weiten Schlabberklamotten, die wir seit Monaten tragen, gegen ein Sakko mit Hemd und Krawatte bzw. ein figurbetontes Kleid ein. Wie seltsam ist das, mit schicken Schuhen und auf High Heels zu laufen. Wie komisch, die Haare zu stylen, sich zu schminken, Parfum aufzutragen … Vor dem Rathaus trudeln alle Freunde ein, auch sie in Schale geworfen. Mit einem verstohlenen Blick über die Schulter schauen wir nach, ob alles in Ordnung ist. »Patrick« ist immer noch da. Er ist der Garant unserer kurzen Verweildauer. Diese drei Tage – Familienessen, Hochzeit, Umtrunk im Freundeskreis – haben uns verwirrt. Beim Erzählen unserer Roadtrip-Erlebnisse ernten wir erstaunte Blicke. Durch die anderen werden wir uns noch stärker unseres Ausnahmeglücks bewusst. Mit der Fähre, die uns für weitere anderthalb Monate von Frankreich entfernt, brechen wir, ganz erfüllt von all der Zuneigung, wieder auf ins Abenteuer. Wir erleben das Ende unseres Roadtrips nun auch für die Daheimgebliebenen, aber vor allem für uns – zu 300 % bis zum Schluss.

COAST
weVan

SARDINIEN

Nach diesem Intermezzo in Frankreich und den schönen gemeinsamen Momenten im Familienkreis ist es Zeit für die Weiterfahrt. Unser nächstes Etappenziel ist eine Symbiose aus rauen Bergen und paradiesischen Badebuchten: es handelt sich um die Trauminsel Sardinien!

Die wiedergefundene Zweisamkeit schafft Ruhe. Es zählt nur das unmittelbare Jetzt. Das Abenteuer nimmt seinen Lauf und wir sind mehr als motiviert, jede uns gebotene Etappe zu genießen. Jetzt bleiben uns noch 40 Tage und Nächte bis zu unserer großen Rückkehr. Keine Anzeichen von Sintflut am Horizont, nur die Freiheit des Reisens, Entdeckens, Genießens, Experimentierens. Nur das Glück zu zweit zu sein und einander zu genügen. Nur das Glück, im Hier und Jetzt zu sein, dem Blick eines Menschen zu begegnen, in ein Stück Brot zu beißen oder einem Kind zuzulächeln. Die Fülle des Lebens auskosten und vor allem sich dessen bewusst werden.

Zum Glück zeigt sich Sardinien primär nicht von seinen zugebauten Küsten. Und wenn schon, dann lassen diese sich leicht meiden; bei einer kleinen Verschnaufpause im Pinienwald von La Caleta, am schönen Sportstrand bei Putzu Idu oder bei Sonnenuntergängen mit glühendem Abendhimmel in Porto Ferro – jeder kommt auf seine Kosten, für jeden ist etwas dabei. Sardinien birgt im Inselinneren aber auch, was weniger bekannt ist, ein schönes Bergmassiv. Die Fahrt auf der Panoramastraße SS 125 ist wirklich etwas fürs Auge, und wir bewundern die Karstgipfel, die eindrucksvolle Gorropu-Schlucht mit ihren bis zu 500 Meter hohen Wänden und den Blick über das Mittelmeer zur anderen Seite.

An den Straßen und kleinen Feldwegen bieten sich unzählige versteckte Winkel, die wir in unser »Zimmer mit Aussicht« verwandeln. Wir packen den Minigrill aus, klappen das Aufstelldach hoch, ziehen die Markise aus, binden die Hängematte und die Slackline fest – jeden Tag findet sich ein neuer Platz im Paradies. Wir leben naturnah, waschen unser Geschirr im Fluss und lesen im Schatten eines Baumes. Diese Freiheit ist unser tägliches Glück.

Cala Goloritzè

Informationen

Ort: Cala Goloritzè, Baunei

Höhendifferenz: 550 Meter

Entfernung: 7 km

Dauer: 2,5 Stunden

In der Ortschaft Baunei die Serpentinenstraße nehmen, die zur Hochebene Su Golgo hochführt, dann den Wegweisern »Su Porteddu« und »Cala Goloritzé« folgen. Am Parkplatz werden 6 € pro Person für die Benutzung des alten Maultierpfads kassiert, der zur Badebucht hinunterführt. Der Abstieg zum Ziel dauert ungefähr eine Stunde – ein Strand direkt am Fuß der Felsnadel Aguglia, die mehr als 150 Meter über dem kristallklaren Wasser aufragt. Der von der Meeresbrandung ausgehöhlte Naturfelsbogen erweist sich als ein herrliches Schnorchelrevier – wir staunen über die 15 Meter Tiefe und bewundern die dort lebenden Fische. Da der Strand nach Osten gerichtet ist, hört die Sonne schon gegen 15 Uhr auf, die Kieselsteine zu erhitzen und die Rückkehr ist echt strapaziös. Ausreichend Trinkwasser und gutes Schuhwerk sind ein Muss!

»Wie oft duscht ihr pro Woche?«

Das ist eine ebenfalls oft gestellte Frage im Verlauf unseres Roadtrips. Genau genommen haben wir eine Dusche im Van! Sie ist an unseren 30-Liter-Frischwassertank angeschlossen und hinter einer Service-Hecklappe gibt es einen echten Brausekopf. Allerdings ist das Wasser kalt und man ist beim Duschen im Freien den Blicken der Nachbarn ausgesetzt.

Die Solardusche hingegen schont unseren Trinkwasservorrat und erhitzt sich in der Sonne sehr gut, aber auch hier ist die Wahrung der Privatsphäre problematisch.

Kurzum, wir duschen wenig, durchschnittlich zwei- bis dreimal pro Woche. Baden im Meer, Morgentoilette mit Waschlappen, Sprung in den nahe gelegenen Fluss, Stranddusche, öffentliches Schwimmbad oder Sanitäranlagen auf Campingplätzen – das alles sind einfache Lösungen zur Frage rund ums Duschen.

Abendliches Naturspektakel

Reisen und Leben in seinem eigenen Wagen heißt mit den Elementen leben und vor allem mit der Sonne. Wir leben durch dieses Licht, das sein Dasein unbestreitbar auch der Dunkelheit verdankt. Jeden Abend betrachten wir die Sonne, wie sie langsam Abschied nimmt und hinter dem Horizont verschwindet. Jeden Abend warten wir auf den Moment, wo das Halbdunkel der totalen Finsternis weicht. Es ist übrigens nicht immer stockdunkel, denn der Mond und Tausende von Sternen am Nachthimmel leuchten manchmal stärker als man denkt. Das mag banal erscheinen und ist es ja auch, da es sich um ein alltägliches Phänomen handelt, aber wir können von diesem Naturspektakel gar nicht genug bekommen. Anhalten, atmen, Augen gen Himmel richten und diese Myriaden von Lichtpunkten bewundern. Wir sind wie hypnotisiert. Bertrand ist dem Zauber dieser natürlichen Schönheit ganz und gar verfallen. Mich fasziniert aber noch mehr, was die Gestirne bedeuten. Ich schaue gerade einen Stern an, dessen Licht Millionen von Jahren gebraucht hat, um bis hierher zu gelangen. Dieser Stern ist zudem wohl schon erloschen. Ich schaue also gerade auf etwas, das gar nicht mehr existiert. Die Sternbeobachtung verwickelt mich in Fragen und Betrachtungen über den Menschen, die Welt, die wir bewohnen, den Planeten, das Universum. Der Abstand ist so weit, und ich fühle mich winzig, ja unbedeutend in dieser grenzenlosen »Überfülle«. Und doch bin ich ein Teil dieser schieren Unendlichkeit. »Wir sind aus Sternenstaub hervorgegangen«, sagt Jean Claude Ameisen. Dieser Stern, der längst verschwunden ist, lebt in mir fort, ich bin ein winziger Bruchteil davon. In den unermesslichen Weiten des Weltalls existiere ich, mir meiner selbst bewusst, meine Hand wird von Bertrands gewärmt, meine wie auch seine Augen blicken gebannt zum Himmel. Die Zeit vergeht. Der hypnotische Zustand hält an.

Nightspot

40°40'40.5"N | 8°11'48.9"E

Porto Ferro

Porto Ferro ist vor allem bekannt für seinen Windsurferstrand (ja, darauf ist Verlass, Sardinien ist ein Surfparadies!). Wir haben dort aber auch eine kleine Piste gefunden, die an der zerklüfteten Küste entlangführt und Van-Nomaden einen Übernachtungsplatz für kurze Dauer bietet. Die Stille der Wildnis ist beruhigend, der Sonnenuntergang grandios!

Pasta alla carbonara

Zutaten

200 g Spaghetti

2 Eier

150 g Pancetta

200 g Pecorino

Salz und Pfeffer

Wasser (ohne Salz) in einem großen Topf zum Kochen bringen.
Den Pancetta in sehr feine Würfel schneiden und in einer Pfanne anrösten.
Wenn das Wasser im Topf kocht, grobkörniges Salz hineinstreuen. Eine Minute später die Spaghetti hinzufügen.
Die Eier aufschlagen und mit etwas Pfeffer verquirlen.
Wenn die Spaghetti gekocht sind, abgießen und abtropfen lassen. Dann zu dem Pancetta in die Pfanne geben. Bei weiterhin hoher Hitze das Ganze vermengen. Die verquirlten Eier unterheben. Sobald die Eimasse stockt, die Gasflamme abschalten und alles auf den Tellern anrichten.
Mit einer ordentlichen Menge geriebenem Pecorino bestreuen und sofort verspeisen!

Iberische Halbinsel

Südspanien, 2100 km, 6 Tage
Portugal, 1400 km, 14 Tage
Nordspanien, 1000 km, 5 Tage
Frankreich, 1200 km, 6 Tage

Rückkehr
La Mouthe (310)
Golf von Biskaya
FRANKREICH
Pulpo á la Gallega (304)
Ökomobil (307)
PORTUGAL
Madrid
Frenchies (294)
Bacalhau à Brás (292)
Lissabon
SPANIEN
Surfkultur in Portugal (286)
Sierra de Grazalema (277)
Praia da Marinha (283)
Zu Gast im Van (272)
Mittelmeer
Gibraltar (276)

SÜDSPANIEN

Mit der Iberischen Halbinsel, die von Spanien und Portugal eingenommen wird, schlagen wir das nächste und letzte Kapitel unseres Roadtrips auf. Uns verbleibt nur noch ein Monat, um diese neuen Gefilde zu entdecken, die von heißblütiger Lebensart, deftiger Kulinarik und Musikfolklore durchdrungen sind.

Von Sardinien aus bringt uns die Fähre nach Barcelona, wir fahren jedoch gleich weiter gen Süden. Andalusiens unendliche Olivenhaintäler beeindrucken uns. Die weißen Dörfer zeichnen sich vor uns im Landschaftsrelief ab. Die Vegetation wird trockener und spärlicher, die Landschaften sind teils wüstenähnlich, was auch das Thermometer belegt. Über 30 °C Anfang Oktober, das nennen wir einen schönen Indian Summer! Wir besichtigen also den Nationalpark Ardales in Flip-Flops, Shorts und Sonnenbrille, dann die Höhlenhäuser von Setenil de las Bodegas, die monumentale Puente Nuevo (»neue Brücke«) von Ronda und die Gassen von Vejer de la Frontera in der Provinz Cádiz.

Andalusien ist ein wahres Paradies für Van-Vagabunden, vor allem im Naturpark der Gebirgsregion Sierra de Grazalema. Nicht nur die Suche nach einem Essplatz oder einem Nightspot ist leicht, auch gibt es am Straßenrand allerorts natürliches Quellwasser. Bei einer so großen Hitze ein echter Segen, seine Feldflaschen auffüllen und für den Abwasch seinen Trinkwasservorrat schonen zu können. Die Tapas sind zur Institution geworden, sogar im Van. Mittags kehren wir für einen Euro in einer Tapas-Bar mitten auf dem Land ein, abends naschen wir wieder Häppchen: Tomatenscheiben, gefüllte Oliven, hauchdünn geschnittenen Schinken und Wurst, Kartoffeln mit Salsa. Bleibt nur noch unser Spanisch zu optimieren und wir tauchen perfekt in der Masse unter!

Zu Gast im Van

Zur Feier unserer ersten Roadtrip-Halbzeit hatten wir mit We-Van eine »Einladung an Bord« organisiert. Wir starteten in den sozialen Medien einen Aufruf für ein gemeinsames Wochenende im Van. Amandine und Éric wurden als Kurzzeitgäste ausgewählt. Nach einem kurzen Nachrichtenaustausch zur Organisation ihrer Anreise, legten wir uns auf ein Oktober-Wochenende in Andalusien fest.

Unsere Gastgeber-Aufgaben erfüllen wir nach Abholung am Flughafen in unserem Bulli-Van »Patrick«. Wir kommen schnell und ungezwungen in Kontakt. Schon sind wir wieder auf Achse, um die Landschaft zu kommentieren, dann und wann anzuhalten, um eines der »Pueblos Blancos« zu besichtigen oder ein schönes Panorama zu fotografieren. Gemeinsam genießen wir das große Tapas-Angebot auf einer Terrasse in dem hübschen Städtchen Ronda und lernen uns dabei näher kennen. Erst am Abend weihen wir sie konkret in unseren »Vanlife-Alltag« ein:

- Ebenerdigen Fleck finden, wo man mit schöner Aussicht übernachten kann.
- Tische und Stühle herausholen und mit der Zubereitung der Mahlzeit beginnen.
- Die Sonne allmählich hinter dem Horizont verschwinden sehen und sich an das Halbdunkel gewöhnen.
- Mit der Stirnlampe und einer »Häufchen-Schaufel« losziehen, um ein stilles Örtchen zu finden.
- Erfolgreich von diesem nächtlichen Ausflug zurückkommen.
- Sich die Zeit nehmen, um den Mond und seinen Sternenhimmel zu bestaunen.
- Seine Sachen aufräumen und ordentlich verstauen, damit sich jeder auf den sechs Quadratmetern zurechtfindet.
- Die zwei Schlafplätze – oben wie unten – herrichten und sich an die Geräusche des Windes, der Straße und der Tiere langsam gewöhnen.
- Mehr recht als schlecht zu zweit in einem knapp 120 cm breiten Bett schlafen.
- Mit uneinnehmbarem Ausblick frühstücken.

Sie haben damit kein Problem und die drei Tage verstreichen im Nu! Natürlich machen wir viel und für Langeweile bleibt keine Zeit. Wir hoffen, dass sie durch diese Roadtrip-Kurzversion Lust auf eine Van-Tour in Eigenregie bekommen haben.

Panne!

Kein Problem auf der Straße, weder Panne noch Platten, geschweige denn ein Unfall – bisher lief unser »Patrick« einwandfrei und Bertrand (zu 97% Hauptfahrer) kümmert sich wirklich gut um ihn. Allerdings werden Abenteuer erst durch Pannen unvergesslich. Hier also unsere Pannentaufe: »Patrick« fährt sich im Sand fest! In Andalusien erkunden wir La Línea de la Concepción und die sandige Landenge, die die Iberische Halbinsel mit dem Fels von Gibraltar verbindet. Die kleine staubige Piste führt uns etwas weiter in die Dünen hinein. Bertrand versucht, abseits der Hauptroute abzukürzen, um ein »tolles Plätzchen nur für uns« zu finden. Aber hier gibt es keinen Weg mehr, nur noch Sand. »Elsa, unser ›Patrick‹ hat nicht zwei Beine, sondern vier Räder, es ist ein Offroad-Van«. Okay, ich halte mich fest und unsere Gäste auf der Rücksitzbank ebenfalls (ach ja, die Panne passierte uns mit Amandine und Éric an Bord!). Der Bus ruckelt nach vorne, es scheint zu funktionieren … aber dann bleibt er doch ganz stecken! Ein paarmal Gas geben macht das Ganze nur noch schlimmer, die Reifen graben sich tiefer ein. Jetzt bloß keine saure Miene aufsetzen: mit unseren bloßen Händen und Schaufeln legen wir die Räder frei und versuchen, »Patrick« wieder fahrtüchtig zu machen. Wir legen kleine Felsbrocken vor die Reifen, damit die Profile besser greifen. Mit null Erfolg. Wir müssen weiter buddeln! Ein vorbeikommender Motocrossfahrer bietet seine Hilfe an. Für Ismael besteht kein Zweifel: wir hängen fest und können nur noch mit einem richtigen Allradwagen herausgezogen werden. Und da taucht auch schon einer in weiter Ferne auf. Ismael springt auf seine Enduro und holt ihn ein. Der Fahrer runzelt die Stirn, als er unseren »Patrick« im Sande sieht, aber seine Miene hellt sich auf, als wir ihm die schöne Slackline reichen. Das Seil ist sehr robust und lang und damit sollte es gelingen, uns herauszuziehen. Um die Gesamtlast zu reduzieren, setze ich mich ans Steuer! Bertrand, Ismael und unsere beiden Mitfahrer schieben. Ich warte auf den besten Startpunkt, um zu beschleunigen. »Un, dos, tres, (un pasito palante, María …)«, geschafft, ich gebe Gas, der Motor hat Zug, es ruckelt, es schlingert und … der Wagen rollt! Hurra! Wir haben uns aus dem Sand befreit! Wir bedanken uns bei unseren Rettern, tauschen einige Worte aus und stoßen auf unseren Erfolg an, bis jeder wieder seines Weges zieht. Von Kopf bis Fuß mit Sand bestäubt, sind wir überglücklich, dass wir es geschafft haben! »Ich war wirklich der Meinung, dass das klappt«, gesteht uns Bertrand. Wie könnten wir ihm da böse sein, abgesehen von der Slackline, die wir zerschneiden mussten. Das ist eine Episode, die sich als lustige Erinnerung in unsere europäischen Roadtrip-Abenteuer einreiht!

Gibraltar

Informationen

Ort: Naturreservat Upper Rock

Höhendifferenz: 250 Meter

Höhe: 426 Meter

Kilometerlange Wege, Pfade und Treppen

In Gibraltar gibt es außer der Erkundung des Naturreservats mit seinem berühmten Affenfelsen nicht viel zu machen oder zu sehen. Der Fels von Gibraltar lässt sich per Seilbahn, Taxi (Minivan für 8 Personen), auf Spazierwegen oder über die »Mittelmeertreppen« erkunden. Die Preise variieren je nach Fortbewegungsmittel und gebuchten Besichtigungen. Neben dem Ausblick auf die Meerenge und die Küsten Marokkos weiter südlich kann man auch die Meeresgrotte St. Michael's Cave, die Maurische Burg oder das Military Heritage Centre besichtigen. Immer ausreichend Trinkwasser mitnehmen, denn es geht ganz schön steil bergauf und in der brütenden Hitze dehydriert man schnell! Auf dem Spaziergang sind stets die neugierigen Makaken zugegen, die einzigen wild lebenden Affen in Europa. Sie zu beobachten, ist faszinierend.

Nightspot

36°45'20.7"N | 5°23'42.3"W

Sierra de Grazalema

Vor den Toren des Nationalparks Sierra de Grazalema haben wir uns in dieses unglaubliche Bergpanorama mit grandiosem Rundumblick verliebt. Wir haben zunächst zum Fotografieren angehalten, die Gegend aber war so schön, dass wir beschlossen, uns dort für eine Nacht niederzulassen.

PORTUGAL

Obwohl ein Großteil seiner Küsten vom Atlantik gesäumt wird, gilt Portugal als »Mittelmeeranrainer«. Dass es vielerlei Gemeinsamkeiten mit seinem spanischen Nachbarland hat, sollte man ja nicht zu laut sagen! Identität und Traditionen sind hier so stark wie ein inbrünstig gesungener Fado.

Unsere Entdeckungstour beginnt an der Algarve, der touristischsten Region des Landes. Leider sind seine Küsten von großen und hässlichen Hotelkomplexen verschandelt, aber sobald man ganz in die sonnenverwöhnten Küsten mit glasklarem Wasser versunken ist, ruht der Blick gebannt auf dem Horizont. In Praia da Marinha kraxeln wir von Bucht zu Bucht und von Grotte zu Grotte, und am Abend kehren wir wieder zu »Patrick« zurück, der souverän auf der Steilküste thront wie »Patman«: der Superheld aller Vans.

Noch weiter westlich am Cabo de São Vicente ist der Wellengang stärker und wir schauen direkt auf das weite Meer hinaus. Die lange Fahrt entlang der Westküste gen Norden ist eine Wonne. Wie gewohnt haben wir Spaß daran, uns über kleinste Nebenstraßen in das Hinterland zu wagen. Zwischen Korkeichen- und Eukalyptuswäldern folgen wir diesen holprigen namenlosen Feld- und Forstwegen, die uns fast nie enttäuschen. In diesen abgeschiedenen Winkeln parken wir »Patrick« an den schönsten Aussichtspunkten, die wir finden. Allein und mit Blick auf atemberaubende Strände oder hoch oben auf einer Steilküste sind wir die fröhlichsten und glücklichsten Menschen der Welt. Auf den Straßen sind wir nicht mehr ganz so allein. Jede Menge Van-Urlauber, ausgebaute Laster oder Wohnmobile kreuzen unseren Weg. Den Surfboards nach zu urteilen, die auf ihrem Dach befestigt sind, handelt es sich zum Großteil um Meeresliebhaber. Es sind aber nicht nur die Brandungswellen und die Stille der grandiosen Landschaften Portugals, die den Reisenomaden anziehen. Die Lebenshaltungskosten sind hier nicht zu hoch, die Städte sind einladend, die Einwohner gut gelaunt, die Gerichte authentisch, der Porto schön süß, kurzum, hier lässt es sich gut leben!

Nightspot

37°05'23.8"N | 8°24'52.1"W

Praia da Marinha

Praia da Marinha ist ein herrlicher Strand zu Füßen einer schönen zerklüfteten Steilküste. Der Sand glitzert golden in der Sonne, das Meer ist smaragdgrün und der Clou dieser spektakulären Kulisse ist die Steilküste mit ihrem doppelten Felsbogen in den Wellen. In den luftigen Höhen über dem Meer ist es nicht schwer, einen einsamen Winkel zu finden, wo wir unseren Bus abstellen können.

Hommage an den Atlantik

Oh, wie hast du uns gefehlt ... Nach vier Monaten Abwesenheit finden wir dich nun wieder. Du hast dich nicht verändert, immer noch so urtümlich wie eh und je. Wir kennen dich seit unserer jüngsten Kindheit, aber du erstaunst uns immer wieder aufs Neue! Trotz all der Jahre vertrauen wir dir nur zögerlich, denn deine Launen sind zu wechselhaft. Dich darf man nicht wütend machen, das wissen wir, denn dein aufbrausender Zorn könnte tödlich sein. Aber dafür lieben wir dich auch! In den Momenten wilder Entfesselung und trotz unseres ängstlichen Schauderns versetzt du uns in Staunen. Dein rhythmisches Grollen ist manchmal schrecklich, aber du kannst auch betörend sein. Wir mögen es, wenn du verführerisch bist. Dein nebeliger Dunstatem berauscht uns. In der Gischt deiner Wellen und im Spiel der Dünung zeigst du das ganze Spektrum deiner Kraft. Du kleidest dich in einen Mantel aus sattem Blau-Grün und wogst vor und zurück, gibst den Takt vor, den Rhythmus eines fast erotischen Tanzes, zu dem du uns aufforderst. Aber Vorsicht! – komm uns bloß nicht zu nahe mit deiner Umarmung, alter Freund! Vor allem nicht dann, wenn wir fast nackt in dich eintauchen und uns mit Haut und Haar der Brandung hingeben. Wie hast du uns gefehlt ...

Surf-Kultur in Portugal

Portugal erinnert an viele schöne Dinge: die Sonne, eine Nationalflagge mit warmen Farben, Bacalhau-Gerichte (getrockneter Stockfisch), eine melodiöse Sprache, farbenfrohe Städte, aromatischen Wein, eine Fußballmannschaft und auch und vor allem an die Meeresbrandung! Dieses Land, das von Spanien und dem Atlantik eingegrenzt wird, vibriert im Rhythmus seiner Wellenreiter. Seine brandungsintensive Küstenlinie ist international bekannt und die »Surf-Kultur« ist allerorts zu spüren. Die 800 Kilometer langen Küsten bieten nahezu unbegrenzte Möglichkeiten, um sich an riesigen Wellen zu messen. Das Surfen ist eine Sportart, die eine Mentalität und eine Lebensform verkörpert, die in ihrer engen Naturverbundenheit der Hippie-Kultur ähnelt. Wir schauen den Wellenreitern zu, die sich auf ihren Wellenritt vorbereiten. Surfen heißt vor allem, seinen Strand finden, dann die Brandung beobachten. Wie eine Katze, die ihre Beute auskundschaftet, bevor sie angreift, so erkennt auch der Surfer die Strömungen, kann den Wind, die Dünung genau einschätzen und den Wellentyp bestimmen. Der englische Surfslang bestimmt die Kommunikation, uns dringen Begriffe ans Ohr wie zum Beispiel »take-off«, »shore-break« oder »lay-back«. Wenn die Profis auf den Wellen gleiten, scheinen sie zu fliegen. Bei der Surf-Weltmeisterschaft, die alljährlich in Peniche stattfindet, vollführen sie eine beeindruckende Akrobatik. Wir können nicht länger widerstehen und schnappen uns die Boards. Unser Niveau ist weit von Akrobatik entfernt, aber zumindest bleiben wir auf dem Brett stehen!

FKK

Vielleicht liegt es daran, dass wir uns auf dieser Reise so naturnah fühlen, an abgeschiedenen Orten anhalten und schlafen, allein auf der Welt, dort wo alles ruhig und wild ist? Vielleicht aber liegt es auch daran, dass wir auf den Geschmack gekommen sind und an einem sorglosen und freien Leben kosten? Dorthin fahren, wonach uns gerade ist, unserer Lust und Laune folgen, den Augenblick leben, als zähle das Morgen nicht. Oder ist es die Aneignung einer neuen schlichteren Lebensart, weniger Interesse für den äußeren Schein, weniger Oberflächlichkeit, auch weniger duschen? Es ist eine Mischung all dieser drei Motive, und dazu noch Vertrauen, Wohlbefinden und Liebe, alles, womit wir uns gedanklich und körperlich gut fühlen. Aber ich will mich kurz fassen, ja, das Reisen im Van macht einen zum Nudisten! Auf jeden Fall gehen wir mit der Nacktheit und dem Blick der anderen viel lockerer um als zuvor.

Bacalhau à Brás

Zutaten

200 g Stockfisch pro Person

2 Eier pro Person

150 g Kartoffeln

1 Knoblauchzehe pro Person

1 Zwiebel pro Person

1 Glas Oliven

Olivenöl

Petersilie

Den Stockfisch am Vortag wässern, wenn der gekaufte Fisch nicht schon gebrauchsfertig ist. Kartoffeln in Stifte schneiden.

Die Zwiebeln und den Knoblauch in kleine Würfel schneiden. In einem Topf in Olivenölfond anrösten. Die Kartoffelstifte hinzugeben. Die Hitze reduzieren und den Stockfisch hineingeben. Das Ganze 10 Minuten miteinander vermengen.

Die Eier in einem Schälchen verquirlen und in den Topf geben. Ständig umrühren, damit sich die Eimasse gut in der Mischung verteilt.

Wenn die Eier gestockt sind, mit dem Pfannenwender erneut gut durchmischen.

Kurz vor Schluss die fein geschnittene Petersilie hinzugeben. Beim Servieren die Oliven auf dem »Bacalhau à Brás« garnieren.

Verspeisen, solange das Gericht noch heiß ist!

Frenchies

Ihr Campinggefährt ist unübersehbar. Es ist hoch, alt und hat Patina – ein witziger Oldtimer Baujahr 1979, grau-weiß wie Salz und Pfeffer, mit einem begehbaren Dach, das Claire und Arnaud als Aussichtsplattform nutzen können. Der Himmel präsentiert sich heute nur »grau in grau« ohne Anzeichen von Aufheiterung, und so klettern sie wieder herunter, um uns ihr mobiles Zuhause vorzuführen: Zehn bewohnbare Quadratmeter, die Innenausstattung aus giftgrün lackierten Holzeinbauten. Der Raum ist dreigeteilt: ein kleiner Wohnbereich am Eingang, ein Küchenblock in der Mitte und ein fest installiertes Bett im Fond. Sie haben Glück, dass sie klein sind; so können sie die Matratze quer legen und gewinnen damit viel Platz und auch den Komfort, das Bett nicht jeden Tag hoch- und runterklappen zu müssen, um sich frei bewegen zu können. Uns gefällt die gemütliche Inneneinrichtung, das warme Holz, die Helligkeit aufgrund der vielen Fenster, die baumelnden Kaffeekannen, das Sammelsurium an dekorativen Aufklebern. Wie viele Traveller, die wir unterwegs getroffen haben, sind die beiden Saisonarbeiter, arbeiten zeitweise viel im steten Wechsel mit langen Reisen. Dieses Jahr verbringen sie zwei Monate mit ihrem Campingmobil auf der Iberischen Halbinsel, danach geht es vier Monate auf Rucksacktour in Asien.

Ein Renault Trafic und ein Peugeot Expert, beide weiß lackiert, beide vollbepackt mit Surfequipment, vor den Fahrzeugen drei Freunde in Surfponchos, die sich an den portugiesischen Brandungswellen messen wollen! Ihre Heimatregion – La Charente-Maritime – wartet mit schönen stürmischen Wellen entlang der Atlantikküste auf, aber die sind nicht zu vergleichen mit der Größe und der Kraft der Wellen hier. Unsere drei braun gebrannten Surfer lassen sich nicht entmutigen, genau deswegen sind sie ja hergekommen. Sie haben sich drei Wochen Zeit genommen, um die Küsten Portugals abzuklappern und sich ihre Adrenalinkicks zu holen. Pierre-Louis ist der halsbrecherischste von allen, er federt auf den Fersen wie ein Wasserläufer, um seine zwei vorsichtigeren Kumpane anzutreiben. Bastien ist kein so großer Hitzkopf, er braucht länger, bis er sich entscheidet; sehr selten gerät er aus der Fassung! Jean-Baptiste ist der »Body-Boarder« der Dreierbande, er hat ein kürzeres Board mit Finnen, um im Liegen zu surfen. Beim Wellenreiten passiert es nämlich oft, dass man stundenlang immer wieder kentert und es nur ein Mal schafft, die Welle gekonnt zu reiten. Ein wenig frustrierend zwar, doch das Gefühl, sich auf der Welle aufzurichten, ist alle vorangegangenen Stürze und ertragenen Strapazen wert. Wir wünschen ihnen, dass es jeden Tag mit dem Surfen klappt, dass sie ein bisschen Angst verspüren, sich aber nicht verletzen, und vor allem, dass sie Spaß haben. Unsere drei Surf-Freaks sind allerdings schon wahre Meister.

Eukalyptus

Ein natürliches Geheimrezept, das wir in Australien gelernt haben: Eukalyptusblätter halten Mücken fern! In Spanien und Portugal sind die Straßen von Hunderten von Eukalyptusbäumen gesäumt.

Uns so geht das:

– Die Eukalyptusblätter pflücken (einen ausreichend großen Bund, um bei einem Mückenangriff gut gerüstet zu sein).

– Wenn die schicksalhafte Stunde der Mücken schlägt, drei Viertel der Blätter an strategischen Stellen zerrebeln (um den Tisch herum, wo man gerade isst, oder rund um den Hocker, auf dem man gerade sitzt, am Van-Eingang ...).

– Die restlichen Blätter zerbröseln und Handgelenke, Fußknöchel und Nacken damit einreiben ... so wird man selbst zur lebenden Mückenabwehr.

NORDSPANIEN / FRANKREICH

Die zwei letzten Etappen unserer großen Rundreise vor Rückkehr sind Galicien und das spanische und französische Baskenland. Nachdem wir Europa in alle vier Himmelsrichtungen erkundet haben, fahren wir gemächlich wieder nach Nantes hinauf, wo wir unseren »Patrick« zurückgeben.

Vor dem großen Abschied bleiben aber noch schöne Abenteuer zu erleben. Wir steuern auf das rurale Galicien zu, das Galicien des Landbaus und der Traditionen. Wir verbringen zwei Tage in der Umgebung von A Estrada, einer Kleinstadt nahe Santiago de Compostela. Unmöglich, auf einen galicischen Markt zu gehen, ohne »Pulpo á la Gallega« zu probieren. Unter einem großen Zeltdach stehen in schönen Reihen Holztische und -bänke, der Tintenfisch wird auf Bestellung frisch zubereitet, dann in Scheibchen geschnitten und auf einem Holzteller angerichtet. Ein paar Tropfen Olivenöl, etwas Salz, etwas Chili, und das ist alles! Kein Besteck, keine Beilage, nur ein Stück Brot und Rotwein, in einer weißen Trinkschale serviert. Ein kulinarisches Highlight!

Das Wetter ist wechselhaft; wir versuchen, an der Nordküste zu surfen, jedoch ohne Erfolg. Also fahren wir weiter und passieren die unsichtbare Grenze von »Euskadi«, so heißt das spanische und französische Baskenland als geografische Einheit. Wir erliegen dem Zauber dieser gebirgigen Küstenlandschaft, ihrer senkrecht abfallenden Steilküsten und ihren weiten malerischen Buchten, die in den Fels gezeichnet scheinen. Ein wahres Juwel im Golf von Biskaya ist die Halbinsel Gaztelugatxe, die für sich allein alle Küstenpanoramen widerspiegelt.

Von einem Baskenland zum anderen kommen wir in Frankreich an; die Küsten sind ebenso reizvoll, aber die Strandparkplätze sind mit Sperrschranken versehen, welche die Durchfahrtshöhe begrenzen. Willkommen in Frankreich! Nicht einfach, einen schönen Übernachtungsplatz zu finden. Wir tauchen also tief in Périgords tiefste Provinz und in die Pinienwälder der Vendée ein. Nantes rückt näher … denken wir aber noch nicht daran!

Peter-Pan-Syndrom

Wir versuchen, die Rückkehr aus unseren Gedanken weitmöglichst auszublenden, um unseren Roadtrip bis zum Schluss auszukosten. Je mehr wir uns der Realität daheim nähern, desto intensiver nehmen wir auch den bevorstehenden Abschied wahr. Wir müssen unser mobiles Zuhause aufgeben, zu unseren Eltern zurückkehren, bei denen wir unsere Sachen für sechs Monate untergestellt haben, unseren Lebenslauf aktualisieren und zum Arbeitsamt gehen... Hart, sehr hart, richtig erwachsen zu sein! Das ist wirklich viel weniger spannend als unser momentaner Alltag. Und wenn wir die Peter Pans der Roadtrips mit Van wären? Die verlorenen Kinder eines freien und schönen Europas, wo jede Kurve Unvorhergesehenes birgt? Wir haben Spaß an unserer Traumwelt. Dieses zeitentrückte Intermezzo kommt uns gelegen. Verantwortlichkeiten, Pflichten, Verbindlichkeiten sind richtig schwere Wörter, wohingegen es so guttut, in dieses Universum der Abenteuer abzudriften, in das wir dank We-Van eingetaucht sind. Anders als Peter Pan werden wir uns dem Ernst des Lebens aber nicht entziehen. Im Gewinnspiel war zu lesen: »Sechs Monate entlang der Ränder Europas« und nicht ein Leben lang. Na bitte! Wir müssen uns unserem Erwachsenenleben stellen. Eine Heimkehr mit bitterem Beigeschmack also... Wir bleiben in negativen Gedanken gefangen, wenn wir dies als trauriges Schicksal visualisieren, doch das ist nicht unsere Art! Für uns bedeutet es auch einen Neuanfang. Mit unserer Abreise haben wir Arbeit und Wohnung hinter uns gelassen, es gilt also, alles neu zu erfinden. Es liegt nun an uns, andere Aufgaben zu suchen, uns wieder ein warmes Nest zu bauen, uns in schöne Projekte einzubringen. Nach unserer Rückkehr ist alles möglich! Unter diesen Umständen akzeptieren wir das Erwachsenwerden, während wir den Aspekt der Sorglosigkeit bewahren, den uns unsere Europatour gebracht hat.

Pulpo á la Gallega

Zutaten

1 Oktopus bzw. Pulpo (1,5 kg)

2 Lorbeerblätter

etwas Wurzelgemüse (Sellerie, Karotten)

3 EL Olivenöl

1 EL Paprikapulver

etwas grobes Salz

Den Pulpo gründlich waschen und den Schnabel mit einem spitzen Messer vorsichtig herausschneiden.
Einen ausreichend großen Suppentopf mit kaltem Wasser füllen, die Lorbeerblätter, das in grobe Stücke geschnittene Wurzelgemüse und den Pulpo hineingeben. Der Pulpo »erschrickt«, wenn man ihn in heißes Wasser gibt und wird nicht zart. Auf keinen Fall salzen! Alles zum Kochen bringen und im siedenden Wasser 1½ bis 1¾ Stunden garen.
Wenn der Pulpo zart ist, kann er herausgehoben und in kleine Stücke geschnitten werden.
Die Stücke mit Olivenöl beträufeln und anschließend mit Paprikapulver und grobem Salz bestreuen.
Lauwarm servieren.

Lebensnotwendiger Grundvorrat

In unserem Vorratsschrank stehen einige Lebensmittel, die nie zur Neige gehen dürfen, denn wir konsumieren sie am häufigsten. Daher ersetzen wir sie sofort, damit sie auf keinen Fall fehlen:

- Lose Teeblätter
- Kräutertee (Aufgussbeutel)
- Honig
- Zerealien
- Kekse
- Reis
- Nudeln
- Linsen
- Kidneybohnen
- Zwiebeln
- Knoblauch
- Kartoffeln
- Äpfel

Alles andere sind heimische und saisonale Produkte, die wir an Marktständen oder am Straßenrand auftreiben.

Ökomobil

Hier nun die schöne Geschichte von Léa und Océane und ihrem »Vrac Mobile« mit unverpackter Ökoware aus der Region: In den Räumlichkeiten der NGO »Surfrider Foundation« in Biarritz hat alles angefangen. Dort lernen sich die beiden jungen Frauen kennen. Von ihrem Umweltbewusstsein getragen, haben sie ein Ziel: dazu ermutigen, den immer schneller wachsenden Überkonsum durch eine bessere Produktwahl hinsichtlich Nährwertgehalt, Herkunftskriterien und ökologischer Footprints zu stoppen. Beraten und begleitet von Pionieren dieses Null-Müll-Lebensstils wie etwa Jérémie Pichon folgen sie der Ambition, ein ausgereiftes und tragfähiges Projekt zu schaffen. Binnen sechs Monaten unterbreiten sie ihr Konzept den Banken, holen eine Beteiligungsfinanzierung ein, finden einen Lkw zum Ausbauen und treffen regionale Biolandwirte oder nachhaltige Erzeuger mit der Zielsetzung, der Bevölkerung Südwestfrankreichs hochwertiges Slow Food ohne Verpackung anzubieten! Die »lose Ware« (frz. *vrac*) hilft, das Überflüssige wegzulassen und die Kosten wie auch die Verkaufspreise zu senken. Schluss mit dem Erdölplastik! Ein Hoch auf Weidenkorb, hübsche Gefäße und elegante Jutetaschen! Diese umweltfreundlichen Accessoires braucht es, um ein wahrer »Vraqueur« zu werden. Bei dem Lächeln von Léa und Océane wird jeder Käufer zwangsläufig Lust bekommen, den tieferen Sinn dieses pastellfarbenen Ufos auf Rädern zu erfassen, das sich landauf, landab postiert. Die Jungunternehmerinnen erläutern den Kunden ihre Vorgehensweise, inklusive Details zu Betriebsstruktur, Zielsetzungen und Produktpräsentation. Vor allem informieren sie über Nahrungsmittel wie Zerealien, Hülsenfrüchte, Öl und Mehl, aber auch über Hausmittel wie Natron und schwarze Flüssigseife und Schönheitspflege (Zahnpasta, Cremes und waschbare Mulltücher). Außerdem beraten sie in der Herstellungsweise von Reinigungsmitteln für alle möglichen Oberflächen und geben Tipps für verschiedene Kochrezepte mit Zutaten aus ihrem Produktangebot. Man trifft sie vormittags auf Märkten und nachmittags an anderen praktischen Standorten an. Wäre das eine mögliche Lebensform? Wir würden diese Art Vanlife im Rahmen eines so schönen Projekts gerne testen.

Vrac Mobile – Léa & Océane
www.vrac-mobile.com
contact@vrac-mobile.com

La Mouthe

Trotz der Nähe zur Höhle von Lascaux gibt es in La Mouthe kein Mammut, auch nicht als Höhlenmalerei! Auf dem 250 Hektar großen Bauernhof in der Dordogne werden Rinder gezüchtet. Jean, Véronique und Mathieu sind die Geschäftsführer der »landwirtschaftlichen Erzeugergemeinschaft« GAEC La Mouthe, und sie leben von ihrem Rindfleischverkauf. Auf dem Anwesen ist der Herbst angebrochen, die Blätter der Laubbäume verfärben sich, und es ist wieder Kalbezeit! Denn auf La Mouthe kommt der Nachwuchs im Oktober–November zur Welt. Die zeitliche Bündelung der Abkalbungen erleichtert die Kontrolle und beugt Ertragsverlusten vor. Dieses Jahr kamen seit Herbstbeginn neunzig Kälber zur Welt, nur drei sind gestorben. Nach einigen Monaten werden die männlichen und weiblichen Jungtiere getrennt. Etwa dreißig Färsen – so heißen die geschlechtsreifen Rinder bis zur ersten Kalbung – werden behalten, um den Bestand der Muttertiere zu erneuern, die anderen werden zusammen mit den männlichen Jungtieren an Händler verkauft. Wenn jedes Jahr dreißig neue Kühe hinzukommen, müssen auch dreißig weg. Die dreißig Rinder werden der Reihe nach gemästet. Damit die Fleischqualität noch besser wird, werden sie mit nicht genmanipuliertem Getreide gefüttert (Soja, Raps und Erbsen). Sie haben zwar kein

Bio-Siegel, aber es handelt sich um einen familiengeführten, nachhaltigen Landwirtschaftsbetrieb.

Die Lafayes begleiten ihre Rinder bis zum Schlachthof der Landwirtschaftlichen Fachschule und schneiden mit zwei professionellen Metzgern jedes Stück selbst zu. 80 % des Zuschnitts werden für den Direktverkauf auf dem Bauernhof einbehalten, 20 % gehen an die Erzeugerläden in den Kleinstädten Thenon und Périgueux. Für den Direktverkauf werden »Fleischpakete« mit etwa zehn verschiedenen, vakuumverpackten Stücken zusammengestellt. Die Bestellungen werden telefonisch aufgenommen und in der Regel ist das Fleisch schon komplett verkauft, wenn das Rind seine letzte Reise zum Schlachthof antritt. Allein die Mundpropaganda reicht aus, um die gesamte Ware abzusetzen. Neben der Qualität und dem Geschmack ihres Rindfleisches beeindrucken uns die Begeisterung und Ausdauer, die Jean, Véronique und Mathieu für diesen schönen Beruf aufbringen. »Wir sind Landwirte aus Überzeugung und aus Leidenschaft.« Daran besteht wirklich kein Zweifel: Sie lieben ihre Rinder und ihre Arbeit, und das spürt man auch bei allem, was auf den Teller kommt!

Famille Lafaye
GAEC La Mouthe
24210 Thenon
06 87 21 95 07

Die Rückkehr ...

Hier sind wir nun wieder! Seit sechs Monaten wissen wir das, sprechen davon und bereiten uns darauf vor. Die Regeln des Gewinnspiels waren einfach: sechs Monate bis an die Ränder Europas touren. Sechs Monate. Keinen Tag mehr. Und nun sind wir zurück. Sechs Monate sind vorbei. Wir kommen in der Straße der Agentur We-Van in Nantes an. Dort, wo alles begann und wo alles endet. Einige Meter vor dem Firmengelände tritt Bertrand auf die Bremse und hält an. Ich wage es kaum ihn anzuschauen, meine Augen sind schon wässrig und gleich kullern die Tränen. Er nimmt mich in seine Arme. Eine kleine Verschnaufpause, in der wir uns bewusst machen, dass diese Episode unseres Lebens zu Ende geht. In unseren Köpfen wirbelt alles wild durcheinander: die Landschaften, die Straßen, die Gesichter, die Gerüche, die Farben, die kulinarischen Genüsse, die Einsamkeit, die Freiheit, der Austausch mit anderen, die Begegnungen, die Freundschaft, die Liebe, der Enthusiasmus, der Nervenkitzel, der Zweifel, die Müdigkeit, das Faulenzen, der Regen, der Nebel, der Schnee, der Wind, die brütende Hitze ... Wir haben den Eindruck, erst gestern aufgebrochen zu sein und zugleich ist es, als hätten wir immer schon in diesem Campingbus gelebt. Unser tapferer Weggefährte »Patrick« wird uns gleich allein zurück lassen. Eine kleine Träne, ein Kuss, zwei Lächeln und »Allez hopp!« Wir parken »Patrick«, und nach der herzlichen Begrüßung beginnen wir, den Wagen zu räumen. Alle unsere Sachen müssen raus: die Kleidung, die Utensilien, die persönlichen Gegenstände, die Accessoires und die Deko. »Patrick« ist nun bereit, jemand anderen auf ein neues Roadtrip-Abenteuer mitzunehmen! Keine Spur mehr von unserem Gastspiel, unserer Geschichte, unseren 185 Tagen und Nächten, die wir in 24 Ländern verbracht haben, keine Spur von den 35 000 Kilometern, die wir zurückgelegt haben! Nie werden wir vergessen, welch außergewöhnliches Glück wir hatten, diesen einmaligen Roadtrip machen zu dürfen. Dieser gelebte Traum steckt für immer in uns, was auch passiert. Danke »Patrick«, danke We-Van, danke du schönes Europa, so bunt und vielfältig!

Drive your Adventure in Zahlen

184 Übernachtungen, davon

32 Nächte auf dem Campingplatz

13 Nächte außerhalb des Vans

139 Nächte Wildcampen

185 Tage, davon

4 Tage ohne Fahren

Hygiene

53 Duschen

7 Tage hintereinander ohne Dusche, unser Rekord

1 Liter schwarze Flüssigseife

1 Liter pH-neutrales Shampoo

1 Toilettenseife

100 g trockene, selbst gemachte Zahnpasta

12 Wäschen in der Waschmaschine

52 Rollen Klopapier

0 Küchenpapier, 0 Watte, 0 Tampons

7 Lappen, 40 waschbare Baumwolltücher, 1 Moon-Cup

Gesundheit

Elsa

1 Sturz auf dem Gletscher, blauer Fleck auf dem Hintern

2 akute Halsentzündungen

2 Verdauungsbeschwerden

1 schlimme Erkältung

Bertrand

1 Stück Zahn weggebrochen

1 Verdauungsproblem

1 schlimme Erkältung

Unterwegs

5 Anhalterinnen

2 Auseinandersetzungen mit anderen Fahrern

1 Strafzettel

1 polizeiliche Rüge an der Windschutzscheibe

0 große Pannen

0 Platten

1-mal im Sand stecken geblieben

Ernährung

3 Gasflaschen mit 2,75 kg Butan

60 Mahlzeiten im Restaurant

15 Einladungen zum Mittagessen/Abendessen bei Einheimischen

77 Biermarken getestet

2 Liter Olivenöl

1 Liter Sonnenblumenöl

500 ml Rapsöl

1 Weinessig

500 ml Apfelessig

150 g Fleur de sel

0 g Zucker

10 kg Honig

Neue Kleidung

3 Unterhosen für Bertrand

4 Slips für Elsa

1 Hose für Elsa

1 Tunika für Elsa

1 Paar elegante Schuhe für Elsa

1 Paar Flip-Flops für Bertrand

1 Paar Turnschuhe für Bertrand

2 wasserdichte Hosen für Elsa und Bertrand

Tiere, denen wir auf der Straße begegnet sind

Schafe, Kühe, Ziegen, Schweine, Hunde, Katzen, Hühner, Fuchs, Dachs, Vielfraß, Eichhörnchen, Schlange, Rentiere, Elche, Schildkröten, Igel

Tiere, die uns im Van aufsuchten

Stechmücken, Moskitos, Fliegen, Pferdebremse, Spinnen, Ohrwurm, Gottesanbeterin, Zecke, Spatz, Hund, Ziege

28 Überfahrten, darunter

1 Ärmelkanal

27 Fähren (davon 13 in Norwegen)

Eurotunnel-Kosten: 217,56 €

Fährkosten: 1568,95 €

Wasserverbrauch

34-mal Frischwassertank mit 30 Litern Wasser aufgefüllt, also etwa 1020 Liter insgesamt

Kraftstoffverbrauch

Dieselkosten 3817,84 €

59 Volltanken à 64,71 €

Sonstige Ausgaben

2236,03 € für Lebensmitteleinkäufe

1710,24 € für Essen und Trinken in Restaurants und Bars

1884,84 € für Ausflüge, Aktivitäten, Besichtigungen und geführte Touren

Unsere Europa-Tour

24 Länder bereist

6 EU-Länder außerhalb von Schengen (Grenzkontrollen): Irland, Nordirland, Schottland, England, Rumänien, Bulgarien

1 Nicht-EU-Land, aber in Schengen: Norwegen

9 verschiedene Währungen

20 verschiedene Sprachen

4 Wörter in jeder Sprache gelernt: Guten Tag, danke, auf Wiedersehen und Prost!

Bäume pflanzen

Dank der Energieagentur ADEME kennen wir die Klimabilanz unserer Europatour. Der CO_2-Ausstoß beläuft sich auf 3456,25 kg. Zum Ausgleich der Umweltbelastung durch unseren Roadtrip haben wir in zwei Projekte zur Regeneration des Ökosystems am peruanischen Amazonas investiert (www.purprojet.com).

PROTES THE
OCENS

Vanlife-Register

Unser herzliches Dankeschön gilt …

Thaï-Thaï, Diane, Ivy, Barb, Liz, Marco, Daniela, Margaux, Julien, Mattijs, Marion Kakatoes, Lara, Cyrilou, Kbidi, Tartampionne, Marion moche, Eric, Francisco, Marjon, Lazou, Vivi, Alex Lauret, Véro, Sylvie, Seb, François, Mister T, Célia, Christine, Marc, Aurélie, Pierrick, Victorien, Robert, Pierrette, Aurélie, Quentin, Erwann, Eddie, Mairead, Elaine, Sarah, Josh, Kate, Flora, Tom, Grace, Harry, Jim, Patience, Tom, Peter, Bob, Helen, Victoria, Richard, Beatrice, Daisy, Steve, Mark, Sophie, Alexandrina, Louisa, Donald, Helen, Jerry, Glynn, Charlotte, James, Medhi, Rémi, Poulpe, Caroline, Vincent, Léa, Julien, Camille, Nettie, Franck, Katarina, Vincent, Trixie, Reiner, Susanne, Klaus, Charlotte, Christian, Kristiana, Ronja, Klaus, Jesper, Lisa, Elizabeth, Ulla, Sven, Eva, Rolf, Ineke, Willem, Alessandra, Kira, Grant, Hannah, Marielle, Bergman, Margaud, Christophe, Roope, Anna, Heini, Eero, Barry, Nancy, Quentin, Aliénor, Hanna, Alexandra, Janne, Nina, Guillaume, Marianne, Atiloé, Manu, Mylène, François, Janis, Maris, Dace, Daniel, Joseppe, Marie, Matthieu, Marc, Aurélien, Felix, Dana, Nicolas, Alicja, Milena, Norbert, Vanessa, Guillaume, Elena, Andrea, John, Razvan, Codruta, Hervé, Tuta, Costi, Joshua, Valentine, Cecilia, Greg, Sylvia, Demeter, Athéna, Kostas, Vaggelis, Kostas, Stefan, Panneyotis, Vittoria, Mario, Marcella, Luca, Marco, Manu, Jo, Chris, Romain, Fab, Sarah, Loïc, Rémi, Pedro, Etienne, Thibault, PJ, Arthur, Ann-Kristin, Lionel, Marie- Hélène, Philippe, PJ, Manue, Hugo, Gaspard, Lolo, Jojo, Max, Christophe, Smaïl, Mel, Fred, Thibault momo, Clem, Alex, Chaff, Seb, Charlène, Tom, Laura, Julie, Julien, Eowyn, Kevin, Rachou, Elo, Sylvain, Pitch, Valou, Kirikou, Merry, Elsa, Laura, Flo, Jean-Seb, Louis, Aurore, Marc, Guigui, Cyrielle, Clélie, Charline, Max, Anaïs, Louison, Colette, Vivian, Marie, Simon, Johanne, Vincent, Fred, Zoé, Maëlle, Maud, Konrad, Daniele, Alessandra, Maria-Paola, Amandine, Eric, Ismael, Petra, Julie, Yohann, Emmanuelle, Kat, Lynn, Bastien, Pierre-Louis, Jean-Baptiste, Arnaud, Claire, Maria, Manuel, Chine, Aliette, Anne-So, Béa, Léa, Océane, Antoine, Lutch, Daddy Jeff, Lucie moche, Pierre, Benjou, Chloé, Jean, Véro, Mathieu, Elodie, Méloé, Elina, Léonie, Julie, JP, Sofia, Raymonde, Laurent, Chantal, Louise, Charles, Anne, Fredy, Manon, Nicole, Claude, Isa, Ilan, Elo moche, Mado, Ethan, Chloé, Simon, Muriel, Jazz, David, Alexandre, Thibault, Adrien, Antoine, Augustin und Joseph.